IATROS Verlag • Nicht wie wir!

www.iatros-verlag.de

Zu einem wilden und ewigem Sehnen
wurden wir von bleichen Müttern geboren,
aus den Geburtswehen der Sorgen
stieg unser erster Jammerlaut.
Auf Berg und Tal wurden wir geworfen
um zu rasen und zu spielen,
und wir spielten Elch und Löwe,
Falter, Bettler oder Gott.

Aus *„Um den Bettler von Luossa“* (Schwarze Balladen 1917)
von Dan Andersson

Wir sind Fremde, weil wir uns nicht kennen.
Wenn ich mit dir gehe, lernen wir uns kennen,
und dann sind wir nicht mehr Fremde.

Aus dem Musical *„Zorba“*

Tomas Böhm

Nicht wie wir!

Psychologische Aspekte zu Fremdenfeindlichkeit und Rassismus

IATROS Verlag • Nierstein

Zum Andenken an meinen lieben Freund und Kollegen Ludvig Igra

Bibliografische Information der Deutschen Bibliothek
Die Deutsche Bibliothek verzeichnet diese Publikation in der Deutschen Nationalbibliografie; detaillierte bibliografische Angaben sind im Internet über http://www.ddb.de abrufbar.

Originalausgabe beim Buchverlag Natur och Kultur, Stockholm2001

Aus dem Schwedischen übersetzt von Klara Böhm
Herstellung: Iatros-Verlag & Services GmbH, Nierstein/Rh.
Druck & Bindung: SdL, Berlin

ISBN 3-937439-29-3

Inhalt

Vorwort

Alle haben Angst vor dem Fremden. Wir werden in eine fremde Welt geboren, wir werden aus der Gebärmutter gepresst, wo es einen harmonischen Zusammenhang zwischen dem Äußeren und dem Inneren gibt. Auch wenn wir Neugier entwickeln, Interesse und Wissensdurst, um das zu lernen, wovon wir nichts wissen, gibt es immer einen Zweifel, wenn es gilt, sich dem Fremden zu nähern. Doch ist es schwer sich vorzustellen, dass andere finden, dass ich fremd wäre, ich, der mir so bekannt ist! Aber es gibt viele Menschen, die als anders von denen erlebt werden, die die Macht haben, es laut zu sagen.

Heutzutage ist das Phänomen „Fremde“ auf „Einwanderer“ oder „Ausländer“ konzentriert, die nicht auf die gleiche Weise wie Einheimische zur Familie gehören.

Ich selbst bin in Schweden geboren, als Sohn von Einwanderern, jüdischen Flüchtlingen vor dem Naziregime in ihrer Heimat Österreich. Bin ich Schwede? Bin ich ein Fremder? Die Frage hat mich so lang ich mich erinnere interessiert. Die derzeitige Situation in Europa mit deutlicher Unruhe über Einwanderung, Flüchtlingen und „echten“ Einwohnern hat diese Fragen brandaktuell gemacht und heftige Diskussionen über unsere Art mit Unterschieden umzugehen in Gang gesetzt.

Dieses Buch ist aus meinem Staunen über die „Einwandererdebatte“ und meinem Gefühl der kochenden Empörung über die offenen Ausdrücke hervorgewachsen, die die Fremdenfeindlichkeiten anzufangen nehmen. Nur eine kleine Anzahl deutsch-jüdischer Flüchtlinge wurden vor dem Ausbruch des zweiten Weltkrieges nach Schweden eingelassen. Der Rest musste umkehren mit dem deutschen Pass, von dem die Schwedischen (und die Schweizer) Behörden verlangt hatten, dass er mit einem „J“ für Jude versehen sein sollte, so dass man sie gleich bei der Ankunft leichter abweisen konnte. In anderen Ländern wusste man, wohin man sie zurückschickte, aber man drückte die Augen zu. Heute macht man dasselbe wieder – man weiß, wohin man die Flüchtlinge zurückschickt.

Durch Fachliteratur, Debatten in den Massenmedien, meine Erfahrungen mit der Einstellung der Behörden gegenüber Flüchtlingen und den Berichten von böswilligen Handlungen, denen Menschen ausgesetzt werden, inspirierten mich. Durch die Geschichte meiner Familie habe ich vermutlich auch eine gewisse Hellhörigkeit dafür, Ausdrücke von Fremdenfeindlichkeit zu erkennen und durch meinen Beruf als Psychiater und Psychoanalytiker eine weitere Bereitschaft, einen Teil der verborgenen Sprache hinter der offiziellen zu hören. Die Schlusssätze sind meine eigenen, ebenso meine Art, die verschiedenen Gedankengänge zu verbinden.

„Der Rassismus ist eine einigermaßen systematische Anschauung, die (gewisse) andere ethnische Gruppen als moralisch, (intellektuell, kulturell) der eigenen als unterlegen definiert wird ... Er (der Rassist) ist auf dem ethnischen Gebiet, was der Fundamentalist auf dem religiösen ist". (LYTTKENS)

Der Rassist hat eine metaphysische Anschauung von seinen Einstellungen gemacht und ist deshalb für Sachargumente nicht empfänglich. Dagegen sind die vielen diffus vorurteilsvollen und fremdenfeindlichen Schweden (noch?) nicht in einer Anschauung eingesperrt, die intellektuelle Ausgänge vermisst. Alle Menschen fühlen ab und zu Unbehagen vor dem Fremden. Man ist deshalb noch kein Rassist, wenn man das empfindet. Außerdem müssen – und sind – nicht alle Menschen gleich sein, trotzdem sie den selben Menschenwert haben. Toleranz ist eine schwere Kunst.

Gerade diese schwere Kunst im Verhalten zu Verschiedenheiten ist der Hintergrund zu diesem Buch. Das diffuse Vorurteil, das Sachargumenten zugänglich ist, hat gewisse psychologische Voraussetzungen und der ausgesprochene Rassismus andere. Die unbewusste Bereitschaft für Feindseligkeit sieht verschieden aus, auf dieselbe Weise wie Menschen verschieden sind, trotzdem kann man gewisse Grundzüge in dem gemeinsam Menschlichen erkennen.

Im Lauf der Geschichte hat man Fremde auf verschiedene Weise behandelt. Es gibt immer gesellschaftliche und kulturelle Gesichtspunkte zu berücksichtigen, aber ich versuche mich auf die psychologischen zu begrenzen, die jeder in sich selbst suchen kann, auch wenn sie von den umgebenden Strukturen beeinflusst sein können. Deshalb wird das Problem nicht aus anderer Perspektive behandelt werden, die auch glaubwürdig sind: anthropologische, historische, soziologische und politische. Trotzdem werde ich diese Gebiete bei der Gruppenpsychologie berühren als eine legitime Begrenzung meiner Kompetenz und auch beruhend auf dem zentralen Platz, den ich glaube, die Psychologie in dem Zusammenhang hat. Der Leser soll entscheiden, ob das ein fachegoistischer Standpunkt ist.

Meine Ambition war in einer Sprache zu schreiben, die verständlich für die meisten mit Interesse für das Thema ist, so dass es ein Buch für den interessierten Laien wird, es im Kampf gegen den Hass zu verwenden. Fachausdrücke, die dabei notwendig sind, haben eine angemessene Erklärung bekommen. Also kann man das Buch als eine psychologische Studie sehen, eine diskutierende Reise und ein Aufklärungsprojekt.

Nicht wie wir! ist kein Lehrbuch, in dem ich mir eine persönliche Stellungnahme erlaube. Es ist nicht erschöpfend oder vollständig (ob es das überhaupt gibt) und es ist, wie gesagt, psychologisch fokussiert.

Meiner Frau, Suzanne Kaplan, will ich für ihre liebevolle Unterstützung danken und dafür, dass sie mich regelmäßig auf Zeitungsartikel und andere Fachliteratur aufmerksam gemacht hat. Dank auch an „Birgitta" und „Franz" für ihre Gespräche mit mir und meinen Freunden, mit denen ich diese Fragen im Lauf der Jahre diskutiert habe, ebenso dem Verein „Jüdische Neunzigerjahre" für Gesichtspunkte im Zusammenhang mit einem Vortrag, der von Teilen des Manuskripts ausging. Zuletzt, aber nicht am wenigsten, ein besonderer Dank an meinem Freund und Kollegen Ludvig Igra für Aspekte auf das Manuskript und Diskussionen über das Thema, die zu einem ganzen Kapitel am Ende des Buches führten. Ludvig ist leider plötzlich im Mai 2003 gestorben, ein furchtbarer Schlag für Familie, viele Freunde und Kollegen, aber ich hoffe, dass dieses Buch auch ein Beitrag zu seiner Erinnerung werden wird.

Das Buch erschien zum ersten Mal in Schweden 1993. Darum sind die Referenzen meistens von Schriften vor 1993 und mehrere sind auch Schwedisch. Ich habe für die deutsche Übersetzung jedoch die Referenzen behalten. Seit 1993 ist noch viel über diese Themen geschrieben worden, aber die grundlegenden Diskussionen und Gedanken sind noch immer dieselben. Außerdem glaube ich, dass das Buch auch ein Zeitdokument aus diesen Einstellungen über Schweden und Europa 1993 sein kann. Ich glaube, dass deutsche Leser auch interessante Referenzen im Buch finden können. Das Buch ist redigiert worden, so dass die Diskussion mehr allgemein geworden ist und nicht nur für schwedische Verhältnisse relevant ist.

Stockholm, Sommer 2005/ Tomas Böhm

Einleitung

Schon vor einigen Jahren erzählte mein älterer Freund Peter mir folgende Geschichte:

„Anfang der dreißiger Jahre, als ich in Wien ins Gymnasium ging, gab es unter den Studenten und dem Lumpenproletariat viele aus dem Mittelstand, die mit den Nazis sympathisierten. Ich war der einzige Jude in der Klasse. Außer drei Sozialdemokraten, von denen einer ich war, gab es drei Christlich-Soziale in der Klasse, Anhänger der konservativen Regierungspartei, alle anderen waren oder wurden Nazis. Der andere Sozialdemokrat war ein enger Freund von mir. Als ich 1947 zum ersten Mal nach dem Krieg Wien besuchte, ich wohnte damals in Schweden, wollte ich ihn aufsuchen. Seine Eltern erzählten, dass er, der ein ehrlicher Antinazi gewesen war, am letzten Kriegstag an der Westfront fiel.

Der dritte Sozialdemokrat war seinerzeit oft bei uns zu Gast. Anfang 1932 erfuhr ich zufällig, dass man ihn in einem anderen Stadtteil mit einer Hakenkreuzbinde am Arm gesehen hatte. Als er das nächste Mal zu mir (in die Wohnung meiner Eltern) kam, sagte ich es ihm und er leugnete es nicht. Darauf forderte ich ihn auf, unsere Wohnung sofort zu verlassen, da ich ihn sonst hinauswerfen würde. Er ging und sprach in der Klasse nie mehr darüber.

Nach dem Krieg erfuhr ich, dass er SS-Mann geworden war. Vom Frontdienst war er wegen Kurzsichtigkeit befreit worden, stattdessen bekam er den Auftrag „Gefangener“ im Konzentrationslager zu sein, um dort die Gefangenen zu bespitzeln. Damals waren die Lager meist Gefangenenlager, ehe sie begannen, die Leute mehr systematisch zu töten.

Nach einem halben Jahr gelang es ihm, dass er doch an die Front geschickt wurde, wo er den Krieg überlebte. Durch seine Mutter erfuhr ich, dass er sich in Norddeutschland niedergelassen hatte.

Ein anderer meiner Klassenkameraden hieß Bauer. Er war gläubiger Katholik, sehr begabt und studierte nach dem Abitur Medizin. Als die Nazis an die Macht kamen und alle ihre „arische“ Abstammung dokumentieren mussten, stellte sich heraus, dass er nach den neuen Rassengesetzen Jude war. Er kam ins Konzentrationslager, wo er als Arzt arbeitete, vermutlich dasselbe Lager, wo „der Dritte“ Spion war. Jedenfalls ließen die Nazis Bauer sterilisieren. Er überlebte den Krieg und heiratete ein Mädchen, das im Lagerbordell SS-Männern zur Verfügung stehen musste. Nach dem Krieg versank Bauer mehr und mehr in religiöse Grübeleien und nahm sich um 1960 das Leben.

Viel später, 1980, bekam ich in Schweden einen Brief aus Deutschland. Ich war auf dem Land und ich erinnere mich, dass ich fast explodierte, als ich ihn las. Der Brief war eine Einladung nach Wien zum 50-jährigen Jubiläum unseres Abiturs zu kommen und war unterschrieben von dem besagten Dritten. Ich rief ihn an und fragte, was er meinte. Er tat völlig unwissend. Er hatte sich erkundigt, wer von den alten Kollegen noch am Leben war und auch meine Adresse in Schweden gefunden. Ich sagte, dass die meisten, die nicht mehr lebten, ermordet worden waren, außer denen, die wie er Nazis gewesen waren oder Bauer, der sich wegen solcher wie ihm das Leben genommen hatten. Ich sagte, dass ich absolut nicht zu einem Fest zusammen mit einem Mörder wie ihm kommen würde und dass ich im Gegenteil zusehen werde, dass man von seinem Brief in Wiens Zeitungen schreiben werde. Er entgegnete, dass „wir alle jung gewesen wären, man mache wohl so viele Dummheiten in der Jugend. Sollten wir nicht allen alten Groll jetzt vergessen lassen?“ Es klang, als hätten wir in der Schule Streiche verübt und mit Gummischleudern aufeinander geschossen!

Ich schrieb an alle Klassenkameraden, die ich erreichen konnte und erzählte von seinen Aktivitäten während des Krieges, was ich von Bauer wusste und anderen, die gestorben oder ermordet worden waren, dass es mir selbst gelungen war, im letzten Augenblick 1938 nach Schweden zu fliehen, dass ich seitdem hier wohne und sie bitte, seiner Einladung nicht Folge zu leisten. Auch an die großen Tageszeitungen in Wien schrieb ich einen Artikel über das Geschehen. Sie lehnten es freundlich ab den Artikel zu veröffentlichen. Sie meinten es könnte juristische Folgen nach sich ziehen, wenn man jemand so lange danach ohne Beweise anklagte, und wozu wäre es überhaupt gut...

Mehrere Jahre später erfuhr ich, dass das Fest stattgefunden hatte, einige hätten abgesagt, aber die meisten wären gekommen.

Dieses Buch handelt zum Großteil von normalen Menschen. Wir haben alle so viel Hass, Vorurteile, Neid, Abgründe und andere Zerstörungslust in uns, dass man sich fragen kann, was uns davor schützt, Mitläufer von Nazis und Rassisten zu werden. Für die meisten funktioniert dieser Schutz dadurch, dass wir der Versuchung der Gesellschaft ausgesetzt sind, in die Zerstörung hineingezogen zu werden. Ein Teil hat einen integrierten Schutz durch Kenntnisse oder durch seinen Hintergrund mit liebevollen, guten Erfahrungen, die bewirken, dass man automatisch menschliche Bosheit erkennt und davon in allen

Formen Abstand nimmt. Doch manche sind schlechter geschützt und brauchen nicht einmal die gesellschaftliche Versuchung in besonders großem Ausmaß, um ihren Hass auszuleben.

In diesem Buch habe ich versucht, dieses ganze Spektrum zu beleuchten, von der verborgenen Bereitschaft für Fremdenhass, unterschiedlichen Vorurteilen bis zum offen ausgesprochenen Hass. Es handelt vor allem um menschliche Zwangslagen. Peters Geschichte zeigt mehrere Dinge, unter anderem wie verschieden der Rassismus von denen gedeutet wird, die ihn erleben, verglichen mit denen, die ihm ausgesetzt sind oder waren.

Der Antisemitismus hat eine spezielle Stellung im Rassismus, teils durch sein Alter, teils dadurch, dass er religiöse und kulturelle Einschläge hat. Es scheint auch so, als ob die meisten psychologischen Studien über den Rassismus gerade vom Antisemitismus handeln. Der stellt auf viele Weise den Kern des Rassismus dar. Wenn ich darauf zurückkomme, ist es mit der Absicht, das Generelle in dem Besonderen zu zeigen. Auch wenn man sagen kann, dass der Antisemitismus in vieler Hinsicht speziell ist, kann man gleichzeitig feststellen, dass viele der psychologischen Eigenheiten des Antisemitismus auch eine Gültigkeit für allen Rassismus haben.

Aber sind nicht Fremdenfeindlichkeit, Vorurteile und Unkenntnis etwas anderes als Rassismus? Ist es nicht falsch, sie auf derselben Skala zu vergleichen? Ja, sie unterscheiden sich, aber sie können auch fließend ineinander übergehen, nachdem der Mensch sowohl gut wie böse ist und sich gleichzeitig leicht von Ideologien suggerieren lässt. Außerdem sind die Unterschiede nicht besonders wesentlich für die, die den feindlichen Handlungen ausgesetzt sind. Das wird auf deutliche Weise in folgendem Diskussionsartikel von Rabbiner Robert L. Wolkoff dargelegt:

„Für Juden ist der Antisemitismus etwas, das zu konkretem Ausdruck kommt. Es gibt antisemitische Wörter, antisemitische Bilder, antisemitische Behauptungen, etc. Ob der Absender ‚in seinem Herzen' Antisemit ist oder nicht, ist irrelevant... Wir brauchen nur das zu prüfen, was er gesagt oder geschrieben hat. Eine ontologische Bewilligung, ‚Antisemit zu sein', ist keine notwendige Bedingung, weder um etwa Antisemitisches zu sagen, noch gezwungen zu sein, sich dafür zu verantworten, was man gesagt hat."

Die Angeklagten sehen die Sache anders. Nachdem sie per Definition keine Antisemiten sind, kann nichts, was sie sagen, antisemitisch sein... Das scheint vorauszusetzen, dass der einzig richtige Antisemit ein betrunkener Skinhead ist, der gern das Horst-Wessel-Lied singt. Gebildete Menschen, die in anderen Hinsichten „politisch korrekte" Ansichten haben, können auf diese Weise nie antisemitisch sein. Historisch gesehen ist das natürlich Nonsens... Menschen, deren Betragen in anderer Hinsicht als völlig tadellos betrachtet werden kann, wenn nicht exemplarisch, (können) im selben Augenblick, wo das Judentum ins Bild kommt, zu Neandertalern verwandelt werden... Jedes Detail darüber, wie wir unterdrückt und ausgerottet worden sind, wird als ein wesentlicher Teil, ein heiliger Teil der jüdischen Geschichte und jüdischen Identität betrachtet. Daraus folgt eine eingehende Kenntnis des historischen „Wortvorrats" des Antisemitismus... .Die gesamte antisemitische Tradition ist von der Annahme der Majoritätskultur geprägt worden, dass sie das Recht hat, zu definieren, was im eigenen Interesse der Juden wäre... Diese Weigerung, (auf die Juden) zu hören, begründet auf eine vermutete intellektuelle/ideologische Überlegenheit und der damit verbundenen Forderung, dass die Juden sich finden müssten, was sie selbst als Hohn und Angriff ansehen, entscheidet leider den Charakter gegenwärtiger und kommender Diskussionen.

Ich bin auch der Meinung, dass die Handlungen nicht, wie der Absender sie bezeichnet, die Reaktion bestimmen und wie man die Handlungen auffassen soll. Gleichzeitig beinhaltet das obige Zitat eine Annahme, dass Gewisse diese Taten begehen und ihre Absichten auf mehr oder weniger schlaue Weise verbergen. Die Beschreibung scheint verschiedene Typen von mehr oder weniger unbewusster Verteidigung gegen beabsichtigten Antisemitismus zu umfassen, wo die Absicht von Feindseligkeit gegen die Empfänger, die Juden, doch durchscheinen. Ein gedachtes, von mir erfundenes Beispiel: „Ich, der ich ein kultivierter, antirassistischer, ausgebildeter, belesener Professor bin, benehme mich tadellos, drücke mich nur politisch aus, spreche von Zionismus statt Judentum, - ich kann ganz einfach kein Antisemit sein, auch was ich sage, kann nicht als antisemitisch aufgefasst werden. Die das tun sind überempfindlich."

Aber da kommt der historische Wörtervorrat ins Bild.

Indem wir die Bedeutung der Handlung betonen, können wir untersuchen, was die Handlung mit dem „Herz" verbindet, das heißt die seelischen Prozesse des Einzelnen und der Gruppen, die Voraussetzungen für Rassismus in verschiedenen Graden sind, das heißt der Bereich zwischen, für die Individuen selbst verborgenen, rassistischen Handlungen über die Fremdenfeindlichkeit hin zu offenem Rassismus.

Die Gliederung dieses Buches baut auf der Annahme, dass es wichtige Unterschiede zwischen den ausgesprochenen Rassisten als Personen und den mitlaufenden, diffus vorurteilsvollen Personen gibt.

Die ausgesprochenen Rassisten entwickeln ihre Ansichten und Handlungen, ausgehend von ihrem problematischen, privaten Hintergrund, wenn die äußeren Umstände ihnen Gelegenheit bieten. Die mitlaufenden, unterschiedlich Vorurteilsvollen beruhen mehr auf einem stärkeren Druck von äußeren Umständen, einschließlich eventuellen rassistischen Führern.

Tomas Böhm

Deshalb beginnt das Buch mit einem Abschnitt über Vorstellungen und Vorurteile, die wir alle täglich in uns als einen äußeren und inneren Druck haben. Im Gespräch mit Birgitta wird die spezielle Rolle der Schule beleuchtet werden.

Der zweite Abschnitt handelt vom Individuum. Hier führe ich mit einer kurzen Beschreibung der optimalen Voraussetzungen für die psychologische Entwicklung im Verhältnis zu anderen ein. Hierauf basierend gehe ich anschließend auf verschiedene Abweichungen ein, wo der Hass die Kursänderung zum ausgesprochenen Rassismus zu Stande bringt. Das führt zum Abschnitt über Antisemitismus.

Es folgt ein Kapitel, indem ich Gedanken über die Bedeutung der Gruppe und Masse entwickle, wobei das Gespräch mit Franz spezielle Züge bei Jugendlichen in Gruppen beleuchtet. Wir kommen dort auf den speziellen Druck von der Gruppe zurück, die den Ursprung zu diffus vorurteilsvollen Mitläufern geben können. Hier kommen auch gewisse aktuelle sozialpsychologische Aspekte zum Tragen.

Schließlich versuche ich, die verschiedenen Abschnitte zu integrieren und zusammenzufassen. Ludvig Igra war mir dabei von großer Hilfe. Das Gespräch mit ihm wird in vollem Umfang wiedergegeben. Das letzte Kapitel ist ein Einstieg der möglichen und notwendigen Widerstandsstrategien auf individuellem und gesellschaftlichem Niveau. Sie sind vor allem vorbeugend und auf den Rassismus als psychologisches Phänomen ausgerichtet. Der kollektive Widerstand in Form von Straßenkämpfen, Gesetzesstiftung und Politik gegen faschistoide Äußerungen fallen nicht in den Rahmen dieses Buches, was bewirken könnte, dass die, die mit Aktivitäten dieser Art gegen Rassismus tätig sind, vielleicht enttäuscht werden.

Vorstellungen und Vorurteile

Die Feindlichkeit des Alltags

Wenn ich meine Feindlichkeit gegen eine andere Person zeige, kann der Zorn so deutlich sein, dass ich mir dessen bewusst bin. Bin ich mir dessen nicht bewusst, staune ich natürlich über die Reaktion meines Gegners, bis er mich eventuell darauf aufmerksam macht, dass er mich als feindlich gesinnt empfunden hat. Dann kann ich mich verteidigen, meine Feindseligkeit verneinen und finden, dass der andere überempfindlich, lächerlich ist, sich etwas einbildet -oder ich kann noch eine Weile nachdenken, mit noch jemand sprechen, der anwesend gewesen ist und darauf kommen, dass ich vielleicht „ein wenig feindlich" aufgetreten bin.

Das führt oft zu Schuldgefühlen und Reflexionen. Der Zorn legt sich nach einigen Stunden, ich denke daran, dass der andere ja auch gute Seiten habe, er sei eigentlich nicht so übel; außerdem wäre es schade, seine Freundschaft zu verlieren.

Nachdem ich ihn (und mich) als einen ganzen Menschen mit guten und schlechten Seiden sehen kann, guten und schlechten Tagen, kann ich mich auch einleben, versuchen zu verstehen, wie es kam, dass er auf eine Art agierte, die meinen Zorn weckte. Vielleicht war er sogar völlig unschuldig, er tat nur etwas, wofür ich selbst, auf Grund meiner Geschichte, es schwer hatte.

Zusammengenommen bin ich auf dem Weg zu einer Versöhnung, aber das setzt voraus, dass ich Erfahrung mit dem Begriff Versöhnung habe und dass ich einigermaßen menschenfreundliche Schuldgefühle hegen kann, die nicht mich zu zerbrechen drohen, denn dann riskiere ich statt dessen diese abzuwehren, indem ich die ganze Schuld bestreite.

Viele Junge und Erwachsene sind nicht immer im Stande, diese gutartigen Schuldgefühle zu entwickeln, das moralische Gewissen, das in einem inneren Verbot gegen das Böse resultiert. FREUD meinte, dass viele Menschen keine Schuldgefühle haben, sondern eher soziale Angst. Das Gewissen hindert sie nicht davor, das Böse zu tun, sondern die Furcht davor, entdeckt zu werden.

Aber auch wenn wir Gewissen und Erfahrungen mit Versöhnung haben, gibt es anderes, das uns ein Hindernis für unsere übrige Untadligkeit legen kann.

Wenn wir klein sind, sehen wir uns selbst in einer großen Illusion. Wir haben nicht Ideale, wir sind unsere Ideale. Der Vierjährige weiß, dass er am stärksten in der Welt ist, der Fünfjährige kann einen richtigen Zug fahren. Das Heranwachsen bedeutet eine stufenweise Desillusionierung, wo unser Ich sich in einen Schlund im Verhältnis zu unserem Ideal befindet, wo wir sind und alles haben, das wir wollen. Wenn der strahlende Führer seinen Auftritt auf der Bühne hat, aktiviert er wieder den alten Wunsch darüber, dass das Ich und das Ideal wieder zusammenfließen mögen. Er verspricht, dass die Zeit erfüllt werden soll, dass die Revolution kommen werde, das heilige Jerusalem wieder auferstehen werde, unsere Bedürfnisse befriedigt werden, die Sonne würde scheinen, alle Tage würden vor Gesang widerhallen, „die Arier" werden die Welt besiegen...

Der Führer ist, nach dem französischen Psychoanalytiker CHASSEGUET-SMIRGEL, derjenige, der der Gruppe die ideologische Illusion vermittelt, und hinter der Illusion gibt es immer die grandiose Phantasie. Die Ideologie macht uns glauben, dass das unmöglich möglich ist.

Die Ideologie wird immer so vorgestellt, als ob sie mit dem Guten verknüpft wird. Auch der Nazismus brüstet sich damit, einen neuen und reinen Menschen zu schaffen, und wer wäre nicht für Reinheit?

In einer sechsten Klasse gibt es eine Bande mit dem kleinen, dicken, verbal spöttischen Janne dem mageren, tüchtigen aber ängstlichen Tord. Da gibt es auch den ein Jahr älteren Pelle, der die Sechste wiederholt hat. Seine Eltern arbeiten bis spät, Pelle hat gestibitzt und auch schon geraucht und wird der charismatische Führer. Er ist stark, erfahren und verspricht Tord Sicherheit und Janne muskulöse Heldentaten. Die unausgesprochene Ideologie ist: „Wir sind durchtrieben, denn niemand kann uns etwas anhaben!"

Nun gilt es, ein Opfer zu finden, das die Wahrheit in der Ideologie beweist, so dass das gedrückte Ich (dick, ängstlich, verlassen) mit seinen Ich-Idealen vereinen kann. (elegant, ruhig, umgeben von treuen Geschwistern). Der Feind ist gegeben: der einzige, richtig klar Abweichende in der Klasse, Jocke, ein aus Korea adoptierter Bub mit Lese- und Schreibschwierigkeiten. Er befriedigt auch Pelles eigenen Sadismus, der von Jockes Schwäche und Fremdengefühl geweckt wird.

Pelle beginnt „den Chinesen" zu reizen, Tord und Janne schließen sich mit nervösem Kichern an. „Der Chinese" verteidigt sich schlecht und das bedeutet, dass ihr Appetit wächst. Pelle stößt Jocke in eine Schlammpfütze, er nennt ihn „ausländischen Schwulen" (wir kommen später darauf zurück, woher er diesen Einfall hatte). Janne gibt noch dazu: „Schaut Euch das an, der heult ja wie ein Mädel!" Tord begnügt sich damit, ihm einen Fußtritt zu versetzen, nachdem er in der Pfütze liegt. Unglücklicherweise wird Jockes Vater zufällig Zeuge des Geschehens und er bringt Jocke dazu, zu erzählen was in der Klasse vorgeht.

Der Vater ruft eine Zusammenkunft mit den anderen Eltern und dem Lehrer ein. Die anderen Eltern sind bestürzt und weisen ihre Kinder zurecht. Die Täter sind entdeckt: Ihre Gewissen können immer noch zu inneren Instanzen entwickelt werden oder sie können sich auch weiterhin mit der sozialen Angst begnügen, entdeckt zu werden. Sie sind mit der Realität konfrontiert worden: die Grenzen ihres „Ichs" und der Krater zu dem Ideal ist wieder weiter geworden.

Lasst uns annehmen, dass Janne sich schämt. Er findet, es war schäbig von ihm, denn er hatte ja vorher faktisch einige Male auf dem Heimweg mit Jocke gesprochen und fand, dass dieser recht freundlich wirkte, außerdem wusste Jocke viel über Computer.

Tord stellt sich wieder mehr aufs Lernen und auf den Sport ein. Er ist tüchtig und will von dem Unangenehmen, woran er beteiligt war, fortkommen. Er will nicht mehr auf diese Weise entdeckt werden, denn er könnte zu Hause Schläge bekommen, wenn er seinem Vater Schande macht.

Pelle versucht die anderen dazu zu bringen, sich um das Geschehene nicht zu kümmern und genauso weiter zu machen, aber nach einer Weile gibt er es auf und sucht sich neue Freunde in seiner ehemaligen Klasse.

Peter aus Wien erzählt, was geschah, als die Nazis im Jahre 1938 die Macht ergriffen (siehe Einleitung). Sie kamen in ihren Uniformen und zwangen Juden „Saujude" auf den Gehsteig zu schreiben, Hundedreck mit den Händen wegzunehmen und schnitten alten Männern die Bärte ab, inmitten von grölenden Zuschauern. Die Nachbarn sahen zu, nur kurz vorher waren sie Nachbarn, die man im Geschäft grüßte, Frau Schulz und Herr Werner, deren Kinder Klassenkameraden mit den jüdischen Kindern waren. Freundliche, untadelige Menschen, sagte Peter, die verhext wurden von den Uniformen und der Botschaft der Nazis.

Auf gleiche Weise werden Menschen gegeneinander gestellt, gegen alte Freunde oder Nachbarn in Jerusalem, in Jugoslawien, in den neunationalistischen früheren Sowjetrepubliken. Plötzlich werden sie wie verrückt, sie können töten für eine Flagge oder ein Symbol, sie können die groteskesten und unwahrscheinlichsten Mythen über den anderen glauben. Haben sie erst getötet, kommt die Rache und der unerbittliche Kampf setzt sich wieder in Gang. Man findet, dass die Mythen wahr werden und überall gibt es Führer, die versprechen, dass all das Gute erfüllt werden wird.

Wir haben immer Vorstellungen über andere (und über uns selbst). Diese Vorstellungen vergleichen wir mit der Wirklichkeit, um nicht allzu weit weg davon zu kommen. – „War es wirklich so, dass er mir zuwinkte? Nein, das war zu einer anderen Person, die hier neben mir steht."

Die Vorstellungen können in Vorurteile übergehen, wenn sie dadurch blockiert werden, wo wir uns einbilden zu wissen, dass die Vorstellungen „richtig" sind. Hier gibt es einen fließenden Übergang zwischen Vorstellung und Vorurteil – meistens unbewusst. Jeder in Schweden hat zum Beispiel eine Hierarchie von Vorstellungen gegenüber anderen Nationen, auch wenn wir es nicht zugeben wollen. Was halten wir von Norwegern, verglichen mit Engländern, Deutschen, Türken, Libanesen, Indern, Koreanern, Südafrikanern, Nigerianern? In diesen Rangordnungen von Vorstellungen und Vorurteilen lauert die Feindseligkeit wie ein wildes Tier.

Damit haben wir die Alltagsfeindlichkeit verlassen. Der Übergang zur ausgesprochenen Feindlichkeit war so gleitend, dass ich vergaß, eine neue Rubrik zu setzen. Deshalb werde ich von einem anderen Ausgangspunkt beginnen: die Voraussetzungen für Vorurteile.

Vorurteile

Ich bin mir meistens bewusst, dass meine Vorstellungen meine eigenen sind. Sie sind veränderlich und gehören zu meiner inneren Welt. Vorurteile sind dagegen unbewusste Vorstellungen und ich betrachte sie nicht als meine eigenen Vorstellungen oder Auffassungen, sondern als Tatsache über etwas Äußeres. Sie sind auch nicht in einer einfachen Weise veränderlich und ich erlebe sie nicht als meine innere Welt.

Vorurteile bestehen aus den Auffassungen und Vorstellungen von Individuen oder Gruppen, die verursachen, dass der Vorurteilsvolle in seiner Beobachtung und seinem kritischen Denken gestört wird. Zwar ist er immer noch sachlicher Diskussion zugänglich, aber es erfordert viel Arbeit von dem, der ihn überzeugen will. Der Vorurteilsvolle versucht nämlich, seine Vorurteile zu legitimieren, indem er nach Fakten sucht, die zu deren Vorteil sprechen. Diese „Rationalisierungen" bedeuten Versuche scheinbar rationelle, vernunftmäßig akzeptable Erklärungen zu finden.

Der ganze „Rassen"begriff ist so eine Rationalisierung. Er wurde unmodern im Zusammenhang mit dem Sieg über den Nazismus, aber er scheint die hartnäckige Fähigkeit zu haben wieder aufzutauchen. Der Schwedische Verfasser Sven Lindqvist zeigt in seinem Buch *„Rottet jeden Teufel aus"*, wie weit dieser Begriff in der westlichen Kultur zurückgeht, auch wenn er nicht besonders viel auf die psychologischen Voraussetzungen eingeht, um diese Begriffe beizubehalten. Seine Absicht scheint zu sein, mehr andere Faktoren zu beleuchten.

Es gibt keine Menschenrassen ähnliche wie es Tierrassen gibt. Alle Menschen gehören derselben „Rasse“ an, auch wenn sie verschieden aussehen. Nichts spricht dafür, dass es verschiedene Rassen geben sollte mit verschiedener Begabung, moralischer Integrität oder etwas anderem, das ihnen verschiedenen Wert geben könnte. Die Verschiedenheiten sind teils individuell und bezogen auf das Aussehen, wie bei verschiedenen Dackelindividuen, und gruppenbezogen, wie zwischen lang- und rauhaarigen Dackeln.

Vorurteile um „Rassen", die man Rassismus nennen kann, werden von psychologischen, historischen, kulturellen, religiösen, politischen und ökonomischen Faktoren bestimmt. Wenn die Vorurteile immer noch an Vorstellungen über andere grenzen, pflegt man ihnen mit „mehr Information“ begegnen zu können. Ein Beispiel können Kulturtage sein, wo wir Theater, Tanz, Musik, Speisen, etc kennen lernen. Doch diese kulinarischen und ästhetischen Unterschiede sind nicht besonders beeindruckend gegenüber der Toleranz.

Es wird schwerer, wenn die Vorstellungen der intimen Welt des Individuums näher kommen, wie die Auffassung von der Freiheit des Einzelnen, der Sexualität, der Kindererziehung und dem Verhältnis zwischen den Geschlechtern. „Kulturelles Verständnis bedeutet, dass man für eigene Ideale Stellung nehmen kann“ (Pripp) ohne dass man den anderen gut leiden, aber doch als verschieden akzeptieren muss. Wenn man sich der intimen Welt des Einzelnen nähert, entsteht auch die Konfrontation mit den psychologischen Faktoren.

Die Situation (und die Lösung: „mehr Information“) wird dadurch kompliziert, dass die Vorstellungen zum großen Teil unbewusst sind oder zumindest nicht bewusst. Auch die bewussten Vorstellungen können ein Ausgangspunkt für Gedanken sein, ohne dass wir deren Grund in Frage stellen.

Die Vorstellungen kommen aus einer Menge verschiedener Quellen:

- Identifikation mit Eltern und anderen Autoritäten. „Richtige Männer haben eine Vorliebe für Jagd und Fischen.“ Vielleicht Ähnliches, das die Eltern nicht einmal ausgesprochen, doch ohne Worte vermittelt haben.
- Außerdem kann man während der Jugendjahre „eigene, kindische Schlusssätze ziehen, die beibehalten und zu Vorstellungen entwickelt werden. „Wenn man mit offenem Mund küsst, kann man davon ein Kind bekommen.“

Wir bekommen außerdem von früher Kindheit eine Reihe fragmentarischer Kenntnisse von

- Medien, auf denen wir weiter bauen. „Neger sind gut im Weitsprung, sie haben lange Fersensehnen. Göteborger sind gemütlich, Zigeuner sind Diebe.“
- Gewisse Mythen sind sehr langlebig und leben als kulturelle Vorstellungen oder Aberglaube weiter (zerbrochene Spiegel bedeuten Unglück, rothaarige Menschen sind temperamentvoll, schwarze Männer sind besonders

potent) oder werden Sagen, die exotische und unverständliche Verhaltungsweisen anderer Menschen ausmalen.

Nun nähern wir uns den Vorstellungen, an die man am schwersten herankommt, da sie auf inneren Antrieben und Konflikten bauen und mit der eigenen Lebensgeschichte zusammenwirken. „Warum ließ mich Mama in der Sommerkolonie? Warum ließ sich Papa von Mama scheiden? Haben sie meine kleine Schwester lieber? Wollten sie eigentlich, dass ich ein Bub wäre?"

Alle Fragen, die mit Separation, Rivalität, Verlangen, Demütigungen, Einsamkeit, Rachedurst und allen anderen menschlichen Dilemmas Spuren hinter sich lassen und Anlass geben zu einer Reihe von Vorstellungen. Diese Vorstellungen können zusammen mit den früher genannten Identifikationen, Schlussfolgerungen und Mythen zu einem Muster zusammengelegt werden, das den Charakter und die Entwicklung der Vorurteile formt.

Geschehnisse, die nicht mit den Absichten eines anderen Menschen zu tun haben, werden auch oft in die Vorstellungen interpretiert: Todesfall, Krankheit, Arbeitslosigkeit und andere gesellschaftliche Erscheinungen. Das, was es kompliziert sind eben die inneren Treibkräfte, die sowohl liebessuchend wie zerstörend sind. Wir sind sowohl besser als auch schlechter als wir glauben wollen und deshalb können die Vorstellungen mit einer Zerstörungskraft gewürzt werden, die wir nicht zugeben wollen, da wir finden, dass die Aufregung ganz berechtigt ist.

Wenn man die Vorstellungen nicht in Frage stellt, lüftet, diskutiert oder einer Prüfung aussetzt, können sie sich als Vorurteile festsetzen. „Ausländer nehmen alle Arbeiten, sie fahren in flotten Autos herum und wohnen in Luxushotels auf Kosten der Steuerzahler."

Wenn der Übergang zu Vorurteilen geschehen ist, scheint kein logisches Argument mehr zu greifen. Auch wenn man anhand von Statistik oder anderem beweisen kann, dass die Vorurteile nicht stimmen, ist die Antwort: „Es ist jedenfalls so." Es ist, als ob die logischen Zusammenhänge ausgeschaltet sind. Vorurteile leben aus eigener Kraft, trotzdem die Vernunft dagegen spricht. Es wird ein Ausdruck für eine Zerstörungskraft, die alles in seinem Weg zermalmt, besonders die logische Vernunft. Wenn der Franzose Faurisson behauptet, dass es Gaskammern während der Nazizeit nie gegeben habe, hilft es nicht, ihm zu beweisen, dass er unrecht hat. Vorurteile haben ihre eigene Treibkraft jenseits der Logik.

Dagegen können Vorstellungen, die noch nicht Vorurteile geworden sind, immer noch durch In-Fragestellen und Gegenüberstellung mit der Wirklichkeit verändert werden.

Ideologien können in dem Sinn Vorurteile sein, dass sie von dahinter liegenden Kräften oder Interessen getrieben werden, die sie Argumenten und

Fragestellungen unzugänglich machen. Konservative verteidigen konservative Ideologien, ebenso wie Sozialdemokraten ihre verteidigen, auch wenn sie anscheinend Sachfragen debattieren. Deshalb „wissen" alle, was sie in den Parteiführerdebatten sagen werden. Das Problem entsteht, wenn anscheinend ideologielose neue Parteien auftauchen, die wie frische Diskussionsteilnehmer in Sachfragen wirken, bis man die dahinterliegende Ideologie merkt.

Auf diese Weise kann man sagen, dass es keine vorurteilslosen Parteien oder Ansichtsgruppen gibt. Wichtig ist es deshalb, sich dessen bewusst zu sein und die dahinter liegenden Interessen und Vorstellungen über die Wirklichkeit, die man hat wenn man Sachfragen diskutiert, klar zu deklarieren. Politiker wagen es selten, wenn überhaupt (?) ihre Vorstellungen öffentlich in Frage zu stellen, was vermutlich ein erschütterndes Erlebnis für die Wähler und die eigenen Parteimitglieder wäre. Außerdem für den Politiker selbst, da diese Vorstellungen ihre Wurzeln weit zurück in der Kindheit haben.

Einheimische Mannschaft – fremde Mannschaft

In der Welt des Sports feuert man die eigene Mannschaft an. Die Eltern der jugendlichen Spieler stehen an der Seite des Sportplatzes und feuern „ihre Buben" an. Dagegen wirken die gleichaltrigen Jungen von dem einige Kilometer weiter gelegenem Vorort fremd, ein wenig sonderbar irgendwie. Die Eltern brummen, dass die Buben der gegnerischen Mannschaft hormonbehandelt wirken, grausam, schlau, ja, ja, Nummer neun ist zwar sehr technisch und tuchtig, aber im Ganzen wirken sie fremd und sonderbar, ebenso wie ihre mitgekommenen Eltern, die auf der anderen Seite des Sportplatzes stehen und sie mit ihren eigentümlichen Sporthemden anfeuern.

Da zeigt es sich, dass der Trainer der einheimischen Mannschaft einen alten Schulkameraden unter den Eltern der fremden Mannschaft gefunden hat und im Handumdrehen wird die andere Mannschaft mehr menschlich. Das fremde Andere wird mehr gleich und bekannt. In gutartigen Situationen pflegen die Anhänger der Mannschaft ihre respektive Mannschaft anzufeuern, aber sind vereint in ihrer Liebe zum Sport. Man kann in der Pause bei ein paar Würstchen über „das Match" reden, wenn man zufällig mit den Fremden ins Gespräch kommt.

Es hat mich immer getroffen, wie die gegnerischen Mannschaften sich brauchen. Beim Fußballderby spielen zwei Mannschaften aus derselben Stadt regelmäßig miteinander. Diese Matchs sind von den Medien forciert und es kommt recht viel Publikum. Während die Stimmung gut ist, hat man eine humoristische Distanz zur eigenen Mannschaft, man feuert sie an, bedauert, wenn sie versagen, aber schätzt auch eine gute Leistung von den Fremden.

Außerdem sind sie ja gar nicht so fremd, merkt man, denn man hat sie schon einige Jahre gesehen und erkennt sie wieder. Auch ist die fremde Mannschaft die Voraussetzung für das spannende Derby, so werden sie gleichsam teilhaft an dem Rausch um das eigene Team und das Match. Sie sind wie eingeladene, aber notwendige Gäste, um die Leuchtkraft der eigenen zu verstärken.

Aber das Gutartige kann sich ändern wenn etwas passiert, das schwer auf dem Sportplatz oder auf der Zuschauertribüne gehandhabt werden kann. Einer der Gegner nimmt die Hand zu Hilfe, ohne dass der Schiedsrichter etwas merkt. Die Mythenbildung ist dann auf der Tribüne rasch in Gang: „So machen sie es immer". Wenn Maradona die Hand verwendete statt zu kicken, ein Tor für Argentinien in einem WM-Match gegen England machte, begann man die Ethik der ganzen Mannschaft in Frage zu stellen, ja, des ganzen Landes. Warum nicht ganz Südamerikas? Selbst sagte Maradona, dass es „Gottes Hand" war, die ihm geholfen hatte; er wusste vielleicht, dass er seine „Strafe" durch Ausschließung einige Jahre später bekommen sollte.

Mit der Mythenbildung können auch Macht- und Überlebenskräfte die Lage verändern. Wie würde es gehen, wenn es alle so täten? Die nehmen uns unsere Siegeschancen, wenn wir nicht unsere eigene Macht verwenden, unseren Lebensraum. Eine Person auf der Tribüne mit ausreichend großer Zerstörungslust wirft eine Bierbüchse auf den Kopf des gegnerischen Tormanns. Eine andere Person unter den Sportlern versetzt einem Gegenspieler in der „Hitze des Kampfes" einen Tritt. Es bedarf nicht viel, ehe das Gutartige sich wendet und die Mannschaften mit ihren Fans wieder fremd füreinander sind, mit noch mehr offener Feindseligkeit als vor Beginn des Spiels. Besonders, wenn das Publikum jugendlich ist (leicht zu beeinflussen), frustriert (arbeitslos, betrunken) oder die Schar der Anhänger sadistische Anführer hat, oder wenn die Sportler mit Hilfe von unfairem Spiel die Mythenbildung über ihre Bosheit stimulieren. Da verschwindet das Spielmoment und das Match und das Anfeuern nimmt einen wirklichen Streitcharakter an.

Das gutartige Anfeuern kommt ja in allen Zusammenhängen vor, wo Menschen miteinander wetteifern. Das Gutartige scheint man zu behalten, solange man den Spielaspekt lebendig hält, das heißt die gefühlsmäßige Distanz dazu, dass es sich um ein Spiel handelt.

Ein gutes Beispiel ist die Winterolympiade 1992, bei der die Norweger viel gewannen und die Schweden fast nichts. Man spielte Konkurrenz – dass Schweden nach Norwegen emigrieren wollten und in den Massenmedien sprach man davon, die Union zwischen den beiden Ländern wieder einzuführen, um auch an Norwegens Triumph teilzuhaben – alles eine verspielte Art, die Gefühle von Neid und Enttäuschung zu handhaben. Aber es gab auch Einschläge am Anfang dieser Entwicklung, wo man in den Massenmedien darüber brummte, dass die Norweger etwas Unfaires getan hätten. Sie hätten geschwindelt, Dopingmittel verwendet, verbotene Pillen und so weiter. Hätte sich diese Mythenbildung fortgesetzt, hätte das Spielmoment mehr und mehr verschwinden können und die Fremdheit einen mehr realistischen Charakter angenommen.

Alles das handelt von verschiedener Entwicklung von Fremdheit, wo es notwendig ist, von Anfang an mit „dem anderen“ anzufangen.

Der andere

Wer ist das, der andere? Er sieht vielleicht anders aus, oder fast genau so, aber ich kenne ihn nicht. Ich bekomme verschiedene Phantasien und Vorstellungen darüber, was und wer er ist. Vielleicht lenken seine Kleider und sein Aussehen die Gedanken in eine gewisse Richtung, eine Lederjacke zeugt von Männlichkeit, ein Gesichtsausdruck dokumentiert Härte. Ist er ein entsprungener Strafgefangener oder ein postmoderner Künstler? Es ist schwer, mit dem Ausgangspunkt in dem, was man von außen oder in der Phantasie über das Innere sieht, sich vorzustellen, dass er ein Mensch wie ich ist. Dass er nervös vor seiner neuen Arbeit ist, unruhig, dass seine Freundin mit ihm Schluss machen will, dass er gewisse Speisen nicht verträgt, zu lange auf der Toilette sitzt oder lispelt, wenn er aufgeregt ist, oder in der Schule Lese- und Schreibschwierigkeiten hatte und eine Mutter, die Brigitte hieß.

Wenn ich ihn nicht kennen lerne, laufen meine Vorstellungen vielleicht noch weiter weg. Wenn ich zufällig mit ihm spreche, bin ich erstaunt über sein unerwartetes Lispeln; er wirkt jünger als er aussieht und sein ungewöhnlicher Dialekt stimmt auch nicht mit dem überein, was ich erwartet hatte. Das, was meist ein erschreckendes Äußeres ist, wird ein mehr komplett zusammengesetzter Mensch, den ich von mir selbst erkenne.

Noch schwerer wird es, wenn der andere deutlich anders aussieht, dunkle Hautfarbe, sonderliche Kleider und eine Sprache spricht, die ganz unmöglich auszusprechen und zu verstehen klingt. Die Gedanken darüber, dass das hier eine ganz andere „Art“ ist, gehen noch weiter, da es aufgrund der Sprachbarriere schwieriger ist, mit ihm in Kontakt zu kommen. Es fällt mir schwer, mich davon zu überzeugen, dass er auch ein Mensch mit Ängsten, Freuden, Unruhen, Unsicherheit, Fähigkeit, Ehrgeiz, Idealen... ist, besonders nachdem er anders in Sprache, Kleidung, Kultur ist. Etwas, das mich glauben macht, dass alles anders ist.

Jemanden als fremd zu erleben, hängt mit einem äußeren Abstand zusammen, den man als einen erschreckenden Abgrund oder als eine Möglichkeit zu einem Dialog empfindet. Der Soziologe Z. D. Gurewitch beschreibt, wie der

Mensch seine Welt und seine Kenntnisse begrenzt, wenn er Brücken zwischen sich selbst und anderen baut, indem er nicht fragt, sondern indem er es „als selbstverständlich nimmt." Gleichzeitig gibt es die menschliche Neugier, die Lust zu Abenteuern und zu berichten. Aber wenn man die Lust bekommt, „wie gewöhnlich zu denken" sucht man das Bekannte, und schiebt das Unbekannte zu dem „Fremden", das irgendwo anders zu Hause ist. Wie kann da gegenseitiges Verständnis und Kommunikation möglich sein?

Eine Antwort gibt es, indem man mit dem anderen Platz tauscht, im Einleben oder in der Identifikation. Da entdeckt man die allgemeingültige Gleichheit, aber man verwendet immer noch das Begriffspaar „bekannt – unbekannt", obwohl man gerade diesen Fremden durch mein Einleben bekannt gemacht hatte. Gurevitch fragt sich, ob es möglich ist, „einen Dialog zu behalten, ohne ihn in „selbstverständliche" Stereotypen aufzulösen. Da wird der andere eine Person, die man nicht versteht, die aber immer noch wirklich und gegenwärtig ist. Was verlangt wird ist das Vermögen, „nicht zu verstehen." Gurevitch meint, dass man im Gegenteil den anderen als solchen eben dadurch entdeckt, dass man ihn zu einem Unbekannten macht, den man nicht versteht. Wenn ein Kind seinen wohlbekannten Vater zum ersten Mal in der Arbeit sieht, entdeckt es den Vater als eine andere Person als zu Hause. Dieser Prototyp zeigt, wie das Kind den Vater bei der Arbeit nicht wegnehmen und zu etwas Fremden machen kann, was man fortschieben kann (was geschehen kann, wenn die Bearbeitung gestört wird), sondern stattdessen hinzufügt und einen neuen Abstand mit einer neuen Freiheit in der Perspektive auf den Vater findet.

Eine andere beitragende Ursache, die mehr intern und psychisch dazu beiträgt, dass ich Abstand von dem anderen nehmen muss, ist, dass er unbewusst (für mich) Gedanken darüber weckt, die fremd und anders in mir selbst sind, was ich nicht weiß sondern nur ahne: meine Schwäche, meine Weiblichkeit/Männlichkeit, meine Homosexualität, mein Jähzorn, meine Sehnsucht, und alles andere, das ich unter dem sichtbaren Äußeren verborgen halte. Nun wird es von etwas Fremden, außerhalb meines Lebens, erweckt. Um es in Schach zu halten, verlege ich es mit aller Kraft bei ihm, dem anderen, dem „Schwarzen".

Im Match zu Hause wird all das noch durch den psychologischen Druck der Gruppe, der Masse mehr verstärkt. Das Fremde ist bei den anderen, das Bekannte bei uns. Nichts darf diese Aufteilung trüben, nachdem es uns Kontakt mit unseren eigenen Komplikationen und widersprechenden Gefühlen geben würde.

Die neutrale Gleichgültigkeit oder die latente Fremdenbedrohung

Der nächste Schritt ist, dass alle Vorstellungen begraben werden und sich mit anderem vereinen, das ich von dem Bewusstsein ausgeschlossen habe. Bei den aufgeklärten, vernünftigen und toleranten Menschen sind alle diese Bewertungen unakzeptabel, falls sie an die Oberfläche kommen sollten. „Albaner sind unehrlich, Türken sind gewalttätig" – das stimmt nicht mit meinen bewussten Ansichten und Bewertungen überein.

Bei dem, der nicht solche bewusste, tolerante Bewertungen hegt, ist der Hass gegen das Unbekannte nicht so gut verborgen und hat es deshalb leichter, in unerwarteten Situationen hervorzukommen.

Der Unaufgeklärte kann sagen: „Ich frage mich, was sie hier verloren haben? Sie kommen wohl wegen des Geldes her, obwohl sie sagen, dass sie vor Verfolgung fliehen mussten. Wie soll man da wissen, ob das wahr ist? Übrigens wirken sie sonderlich; das Beste wäre, wenn sie wieder nach Hause führen. Sie passen nicht zu uns her, sie haben einen anderen Lebensstil und unser Land bleibt nicht dasselbe, wenn sie ihre Gewohnheiten hier verbreiten."

Aber auch bei den Aufgeklärten kann der verwiesene Hass auf verschiedene indirekte Weise hervorkommen, ohne sich von den bewussten Bewertungen hindern zu lassen (die vielleicht nur eine dünne Schicht sind).

Man kann sich da vor einer Situation passiv verhalten, wo der andere offenem Hass ausgesetzt wird. („Wir wussten nichts, außerdem glaubten wir, dass sie zurückgefahren wären, wo sie hergekommen sind."; „Wenn man sie angriff, müssen sie wohl was getan haben, sonst wäre es nicht geschehen.") Eine aktive Verhaltensweise würde, als Kontrast dazu, sein konnen, in Erfahrung zu bringen, was der Grund war die Situation herauszufordern, die man beobachtet. Zu fragen, wie man etwas verstehen kann, das man nicht versteht. Aber da gilt es eine „Zivilcourage" zu mobilisieren, um die eigene Angst zu überwinden und die Tendenz, mit der Gruppe zu halten oder sich außerhalb als „neutral" zu stellen.

Diese neutrale Haltung kann dann als Ausrede dafür erklärt werden, dass man Angst hatte, selbst angegriffen zu werden, dass man sich nicht einmischen sollte und dass sich jeder selbst gegen Angriffe verteidigen müsste. Aber durch diese passive neutrale Gleichgültigkeit bekommt man passiven Raum für seinen latenten Fremdenhass. Und woher kommt der Hass? Wie schafft man die bewusste und unbewusste Zerstörungslust? Wie sieht die Grenze aus zwischen dem Unkundigen, der mehr Aufklärung braucht und dem latent Fremdenfeindlichen, der sich mit seinem Hass identifiziert und nicht bereit ist, ihn in Frage zu stellen?

Wir werden jetzt nicht direkt zum Hass übergehen, da ich noch bei Vorstellungen und Vorurteilen bleiben möchte, um zu verfolgen, wie die Entwicklung zur Zerstörung gestoppt oder losgelassen werden kann. Deshalb werden wir beobachten, wie der Fremde auf seine neue Umgebung wirkt.

Der Einfluss des Einwanderers auf seine neue Umgebung

Die Massenmedien haben letztlich die Augen für ihre wichtige Rolle bezüglich der Ansicht auf die Einwanderung geöffnet und berichten mehr und mehr über Einwandererschicksale, Statistik über Immigration aus verschiedenen Ländern und die Bedeutung der Einwanderer für die einheimische Ökonomie. Ich werde mich nicht mit diesen Ziffern aufhalten, trotzdem sie wichtige Korrekturen gegen Vorurteile sind, will mich auch nicht bei dem Faktum aufhalten, dass die meisten von uns in diesem Land Einwanderer seit einigen Generationen sind. Die Wallonen kamen schon vor langer Zeit, die anderen kamen später.

Statt dessen werde ich ein wenig darauf eingehen, wie die Einwanderer ihrer neuen Umgebung begegnen und wie sie diese Umgebung, das neue Land, beeinflussen. Was ist nun ein Land?

In den mythologischen Vorstellungen, wahrscheinlich gefärbt von einer kindischen Nostalgie ringsum, wie fein es früher war, gibt es etwas „urschwedisches“, einen Kern, den es immer gegeben hat und der über Heldenkönige und der Flagge weiter geht hin in Bezug auf Essen, Traditionen, Einkaufsstellen, Monumente, Schlagerwettbewerb und Volkmusik.

Dieser Kern kann dann bewahrt oder „angesteckt“ und zerstört von fremden Einflüssen werden. Hier taucht der schwarzweiße entweder-oder Gedankengang auf! Als ob nicht immer eine Bewegung vorginge, wo Dinge hinzugefügt oder abgezogen wurden, geändert, entwickelt und abgewickelt. Europa im 18. und 19. Jahrhundert bestand wahrscheinlich aus Gesellschaften, in der sich keiner von uns zurechtfinden könnte, möglicherweise in der Sprache, aber auch die war anders.

Alle konservierenden Ideologien gehen davon aus, dass der Kern vom Zahn der Zeit unbeeinflusst bleibt. Stattdessen ist es in Wirklichkeit so, dass alle Entwicklung kontinuierlich, ständig und stufenweise erfolgt. Was wir heute national nennen, ist importiert, weiterentwickelt und auf eine mythologische Art verallgemeinert. Unsere Kultur ist die, die es heute gibt, gerade jetzt, mit allen ihren „ausländischen“ Einflüssen. Morgen kann sie anders aussehen. Die Statue ist ein Symbol für die „Reichseinwohner“ geworden, eben, weil es eine Statue ist, d.h. stillstehend. Der abgebildete König war dagegen oft eine Person mit großem Interesse für tüchtige Einwanderer und er selbst entwickelte sich während seines Lebens in verschiedene Richtungen weiter.

Das Stillstehende kann vielleicht als ein Bedarf stehen zu bleiben, mit etwas Neuem anzufangen, gedeutet werden. Etwas, das einfach und konstant wirkt alles aufzuhalten, was zu schwer ist für den, der sich von Veränderungen und Fremden bedroht fühlt. Deshalb wird das Symbol eine tote Statue.

Doch gibt es eine nationale Kultur, mit der die, die so besorgt um das Nationale sind, wahrscheinlich zu wenig Kontakt bekommen haben; sonst würden sie nicht so hilflos und einseitig danach rufen. Das befindet sich natürlich auch in ständiger Veränderung, so wie die Sprache.

„Das Nationale" wird in uns mit einer Nation mit territorialen Grenzen gekoppelt. Wir kommen später auf „die Nation" zurück.

Die Reaktion der Einwohner gegen die neuen Einwanderer hat natürlich Einfluss darauf, wie die Neuen sich anpassen, aber die Gesellschaft wird auch von den Neuen beeinflusst. Die Gegenwart des Neuangekommenen beeinflusst die Empfangsgruppe und stellt die moralischen, politischen oder wissenschaftlichen Grundregeln der Gesellschaft in Frage und kann damit die Organisation des Landes beunruhigen. Davon wollen die Fremdenfeindlichen nichts wissen, da es ihnen schwer fällt, zu sehen, dass dieser Einfluss ein notwendiger und natürlicher Teil der Entwicklung ist.

León und Rebeca Grinberg, ein argentinisches Psychoanalytikerpaar, das nach Spanien ausgewandert ist, weist darauf hin, wie schwer die Einheimischen es damit haben, die Neuangekommenen zu neutralisieren und zu integrieren. Nicht nur der Emigrant fühlt, dass seine Identität schwankt, auch die Identität der empfangenden Kultur wird beeinflusst, dessen Sprache, Glaubensvorstellungen und das Gefühl der Gruppenzusammengehörigkeit.

Grinbergs meinen, dass die Einheimischen das Gefühl einer „katastrophalen Veränderung" bekommen können, die eine Serie von Geschehnissen enthält, die zu einem Drohbild von Gewalt, Untergrabung des Systems und Spaltung gekoppelt werden.

Es ist auch von Bedeutung, ob die Empfänger die Ankunft der Neuen eingeladen oder nur akzeptiert haben. Da wird wenigstens keine offene Feindseligkeit gezeigt werden. Wenn aber die Neuen die Szene uneingeladen einnehmen, kann das eine abwartende Antwort bei den Ansässigen schaffen, die versuchen, sich gegen alle möglichen Angriffe zu wehren, ehe die Absichten der Neuen bekannt sind. Der Neuangekommene kann Verfolgungsangst wecken, als ein Eindringling erlebt werden, der versucht, der Lokalbevölkerung ihr angestammtes Recht, die Früchte ihrer Arbeit und ihr Eigentum zu rauben. Wenn die Empfänger jetzt die Existenz der Neuangekommenen nicht respektieren und anerkennen, können sie die Lokalbevölkerung als unversöhnliche Feinde ansehen.

Nicht wie wir!

In KAFKAS Roman *„Das Schloss"* wird die Feindseligkeit der Dorfbewohner gegen einen Mann beschrieben, der ins Schloss gekommen ist, um zu arbeiten. Auch die, die sich anbieten, ihm zu helfen und ihn zu schützen, sagen: „Sie sind nicht vom Schloss, Sie sind nicht vom Dorf, Sie sind gar nichts. Aber leider sind Sie doch etwas, ein Fremder, einer, der immer und überall im Wege ist, einer, wegen dem man ständig Unannehmlichkeiten hat."

Die Dorfbewohner reagieren auf den Mann von außen, als wäre er nichts, als ob er nicht existierte, obwohl sie zugeben, dass er etwas ist, ein Fremder, ein Unerwünschter.

Die Verfolgungsangst der Dorfbewohner macht, dass sie den Neuangekommenen entmenschlichen und zu einem toten Gegenstand verwandeln müssen. Der Text setzt fort: „Sie sind schrecklich unwissend über die Verhältnisse hier, es geht einem rund im Kopf, wenn man Sie hört und in Gedanken vergleicht, was Sie sagen und meinen mit der wirklichen Lage. Das geht nicht mit einem Schlag, dieser Unkenntnis abzuhelfen und vielleicht geht es gar nicht... vergessen Sie nicht, dass Sie in dem Fall der sind, der am wenigsten weiß, seien Sie vorsichtig."

Die Feindseligkeit kann auf viele Weise gezeigt werden, zum Beispiel indem man keinen Versuch macht, mit dem Neuangekommenen zu kommunizieren, indem man die Sprachschwierigkeiten betont, um zu bekräftigen, dass der Neuangekommene die Sprache nicht versteht. Man verwendet lokale Ausdrücke oder besonders komplizierte Wendungen, die beide für den Ankömmling unzugänglich sind. Bei anderen Gelegenheiten können die Einheimischen in der Gegenwart des Neueintreffenden (und ohne Erklärung) von Geschehnissen und Menschen, die zur lokalen Geschichte und den Traditionen gehören, reden. Herabsetzende Namen verwendet man für Ausländer (Gipskatzen, Spaghettis, Schwarzschädel etc.), Namen, die eine verdichtete Herabsetzung mit dem Ursprung in den eigenen Minderwertigkeitsgefühlen und Verachtung, die als Schutz gegen Neid dienen, ausdrücken.

Der GRINBERGsche Gedankengang erinnert mich an eine Situation, die ich mehrere Male in Gruppen von Schweden erlebt habe, wenn ein Ausländer auf zufälligen Besuch kommt. Vielleicht eine Einladung, wo der Gast nur englisch spricht, während alle anderen hartnäckig schwedisch sprechen, trotzdem sie ohne Schwierigkeiten englisch sprechen könnten. Die Konversation, die Tischreden oder die Scherze setzen sich auf eine nahezu frenetische Weise auf schwedisch fort. Lokale schwedische Ereignisse werden hervorgeholt und in einem angstgetriebenem Versuch gezeigt, dass alles wie zuvor besprochen sei. Es spielt keine Rolle, ob der Gast willkommen und respektiert ist. Nicht bevor einer darauf hinweist, „wir sollten vielleicht englisch sprechen und erklären, wovon wir reden" verbreitet sich eine genierte Reaktion und einige wechseln die Sprache. Man schiebt es nachher darauf, dass man zu gehemmt ist, eine fremde Sprache zu sprechen, Unbeholfenheit, Gedankenlosigkeit. Aber es klingt wie nachträgliche Nachrationalisierungen, wenn man mit GRINBERGS Augen darauf schaut, wie der Prozess entsteht. Außerdem kann es einem bei dem Gedanken an eine Situation schaudern, wo der Gast nicht ebenso willkommen ist und nicht von einem ebenso respektierten Land wie England oder USA kommt, deren Sprache die meisten ja doch recht gut beherrschen.

Die eigene Reaktion des Neuangekommenen will ich hier absichtlich nicht berühren, sondern überlasse es dem Einzelnen, darüber nachzudenken. Die Einheimischen haben ja oft die umgekehrte Situation im Ausland erlebt und können den dramatischen Unterschied bestätigen, wenn man mit freundlichen Erklärungen und sprachlicher Verbindung empfangen wird oder nicht. Außerdem handelt dieses Buch nicht von den Opfern der Feindlichkeiten, sondern von denen, die sie ausüben.

In der größeren Perspektive gibt es „die Nation". Darüber hat JULIA KRISTEVA wichtige Standpunkte in ihrem Buch *„Fremde für uns selbst"* aufgezeigt.

Sie meint, dass das wirkliche Fremde in uns, der Teil von uns selbst, den wir nicht kennen, auf äußere Fremde projiziert wird und bewirkt, dass sie als erschreckend erlebt werden. Weiterhin hat sie Gedanken über die Nation und den Kosmopolismus. In dem wiederauferstandenen Nationalismus in Osteuropa und auf anderen Stellen ist es ein ethnischer „Volksgeist", der zum Ausdruck kommt. Die Erde, das Blut und die Sprache stehen wieder auf als Konflikt zwischen Serben und Kroaten, Rumänen und Moldaviern, Russen und Balten, etc. Ein überlebender deutscher „Volksgeist" existiert immer noch in dieser ethnisch nationalistischen Form als eine Bereitschaft zu gewaltsamem Fundamentalismus und Rassismus.

In Ostdeutschland gab es den „Volksgenossen" als eine Parallele zum „Volksdeutschen" auf der Westseite. Der Kommunismus verbarg dieselbe ethnische Grundanschauung.

Dagegen stellt KRISTEVA eine französische Idee von der Nation in einem „juristischen und politischen Pakt zwischen freien und gleichen Individuen".

Sie weist darauf hin, dass diese alte Idee (von der französischen Revolution) auch neu ist, außerdem sowohl transitionell (übergangsgerichtet) und kulturell.

Man soll also den Menschen nicht ihre nationalen Identitätsgefühle verneinen müssen, denn dann reagieren sie und gehen zu Le Pen und anderen Rechtsextremisten. Nein, stattdessen verordnet KRISTEVA eine „weiche Idee von der Nation", die gleichzeitig die Tradition anerkennt und auch erlaubt, dass sie einem höheren Zusammenhang untergeordnet wird und in ihm aufgeht. Wenn etwas falsch ist aus dem Standpunkt Europas oder der Welt, kann es für eine Nation nicht richtig sein. Sie zitiert MONTESQUIEU:

„Wenn ich wüsste, dass mir etwas von Nutzen sein könnte, aber zum Schaden für meine Familie, so würde ich es mir aus dem Sinn schlagen. Wenn ich wüsste, dass etwas zum Nutzen meiner Familie sein könnte, aber zum Schaden für mein Vaterland, würde ich versuchen, es zu vergessen. Wenn ich wüsste, dass etwas zum Nutzen für mein Vaterland sein könnte, aber zum Schaden für Europa, oder zum Nutzen für Europa, aber zum Schaden für die Menschheit, würde ich es als ein Verbrechen ansehen."

Die Nation wird eine „Übergangsnation". Wir, die wir uns hier versammeln, einigen uns über gewisse gemeinsame kulturelle Bewertungen, unabhängig davon, wie lange wir hier gewesen sind oder ob wir den Pass der Nation haben. Die Majorität soll in demokratischer Ordnung beschließen und Platz für kulturelle Vielfalt schaffen. Die Übergangsnation ist ein identitätsschaffender bestätigender Raum und damit offen, erleichternd und schöpferisch. „Dadurch werden starke Individuen geschaffen, gefühlvolle Mitbürger und kraftvolle Kosmopoliten". (Kristeva)

Hier will ich daran erinnern, dass eine klassische Anklage von ethnischen Nationalisten gegen Juden just davon handelt, dass sie Kosmopoliten sind! Man kann also die verschiedenen Seiten erkennen, die Kristeva zeichnet: die ethnischen/ fundamentalistischen/ potenziell rassistischen und die kulturell/ pluralistischen/transitionellen.

Wie soll man dann diese sanfte Idee von der Nation oder das, was wir weiter vorne als die gutartigen nationalen Gefühle beschreiben, werden? Ich glaube, dass diese Idee sehr angelegen ist, nachdem die hervorquellende ethnische Anschauung die in den Menschen innewohnende unbewusste Bosheit an sich zieht, weckt und loslässt. Hier hab ich mich auf ein anthropologisches, soziologisches und politisches Gebiet begeben, was nicht richtig meines ist. Aber ich mache es gerade deshalb, um darauf hinzuweisen, wie die Ideologien und Institutionen, die in einem Land geschaffen werden, die Ausbrüche von Zerstörung erleichtern, respektive erschweren können.

Arne Ruth schreibt darüber, wie die Massenmedien dazu neigen, eine Einteilung der Menschen in „Einwanderer" zu machen, die auch solche bleiben, auch wenn sie im Lande geboren sind (!) und andererseits „Einwohner". Er lobt Fernsehsendungen, die während einer Reportage von den Mordversuchen an Einwanderern Namensschilder von Bindestrichcharakter auf alle setzten, die auf dem Bildschirm vorkamen, einschließlich Reportern: schwedisch-isländisch, schwedisch-deutsch, schwedisch-wallonisch (Mitglieder der rassistischen Gruppen).

Kristeva, die selbst ein Beispiel von Bindestrich ist: bulgarisch-französische-Psychoanalytikerin-Linguistin, Verfasserin, weist auch darauf hin, wie wir die Fremden brauchen als Erinnerung daran, dass wir alle fremd vor uns selbst und in unserem Verhalten zu anderen sind; dass wir alle verschieden sind. Den Austausch „bereichert die Idee von der Nation, möchte ich die Multination nennen wollen.“

Im Grunde geschieht die Begegnung mit dem anderen in Hass und Abstoßen, wie wenn der Säugling feststellt, dass es Unterschiede zwischen „mir selbst“ und der Mutter gibt. Das Eingeständnis des Unterschieds und der Verschiedenheit geht über Verwerfen, Hass und Gewalt. Jemandem entgegenzukommen ist den Schmerz und Hass in dem anderen als einen wichtigen Teil des Einlebens zu erkennen. Er ist ebenso ängstlich wie ich, statt ihn nur als erschreckend zu sehen und dass ich ihn deshalb hassen muss.

Im Lebensmittelladen in meiner Nachbarschaft entdeckte ich vor einiger Zeit eine Abteilung für orientalische Lebensmittel: Curry, Chutney, Basmati-Reis und verschiedene Saucen, chinesische Nudeln etc. Ich sprach mit dem Geschäftsführer, der erzählte, dass einige Einwanderer unter dem Personal vorgeschlagen hatten, diese Waren einzuführen. Er fügte hinzu, dass die Schweden ja nunmehr viel reisen, dass man auf diese Lebensmittel ja in anderen Teilen der Welt stößt und sie zu schätzen beginnt. Neben den importierten Waren stehen der schwedische Hering, Kalles Kaviar und die Wurst aus Falun und scheinen sich nicht bedroht zu fühlen. Nach Angaben des Geschäftsführers werden diese Waren gut verkauft und wer weiß, bald geht der Basmati-Reis vielleicht in die schwedische Hausmannskost ein. In den multinationalen östlichen USA gibt es Speisen aller möglichen Nationen, die Bindestrich-amerikanische Speisen geworden sind: Pizza, Beigels, Borscht, etc.

Auch wenn die Essensgewohnheiten nicht so erschütternd für die Toleranz ist, gelingt es dieser Einkaufstelle hier, mit liebevoll zusammengehaltener Kraft die Gleichzeitigkeit von neu und alt aufzuführen, die das Ganze bereichert.

Man kann sich eine primitivere Aufteilung der Lebensmittel denken, die einer spaltenden entweder-oder Tendenz folgt, wo die neuen orientalischen Waren zu einem gehassten Konkurrenzgeschäft verwiesen werden. Viele von den schwarzweißen Aufteilungen in gut und böse, auf die wir noch zurückkommen, haben Zusammenhang mit den frühen psychischen Mechanismen, die in der Literatur von Melanie Klein und in Schweden von Ludvig Igra geschildert worden sind.

Brigitta über die Begegnung mit Einwanderern

Birgitta ist Fachlehrerin am Gymnasium, sie hält auch einen Einführungskurs in Schwedisch für Einwandererjugend, ehe sie im Gymnasium anfangen. Sie entwickelte Gedanken darüber, wie man in der Schule gegen Vorurteile gegenüber Einwanderern arbeiten kann und hat sich lange mit diesen Fragen auseinandergesetzt.

Nicht wie wir!

Ist es so, dass du auf Grund deiner Arbeit dich mit der Notwendigkeit von Fragen um die Einwanderer engagierst?

Ja, so ist es. Es ist schwierig für diese Einwandererjugendlichen mit schwedischen Schülern Kontakt aufzubauen. Es ist so notwendig für sie, teils wegen der Sprache, aber auch wegen des ganzen kulturellen Musters. So lange die Stadtverwaltung es sich leisten konnte, hatten wir zum Beispiel einen internationalen Club, wo schwedische und Einwandererschüler zusammen nette Veranstaltungen organisierten. Das gibt es leider nicht mehr und es ist schwierig für Einwandererjugendliche in die Gemeinschaft hereinzukommen.

Gab es oft weitere Kontakte?

Ja, so war es. Vor allem war es nett, wenn die schwedischen Schüler zu den Unterrichtsstunden mit den Einwanderern kamen. Sie kamen in ihren Freistunden und das erlebten die Einwanderer als sehr positiv.

Innerhalb der Einwanderergruppe musste es viele Vorstellungen über die anderen und über die Schweden geben?

Ja, das ist ein furchtbarer Kulturzusammenstoß. Sie kommen von der ganzen Welt und sollen sich zuerst aneinander und dann an die schwedischen Verhältnisse anpassen, und es gibt viele Gegensätze... Lateinamerikaner haben es oft leicht, sich anzupassen. Sie haben sehr wenig Vorurteile gegenüber anderen und knüpfen leicht Kontakte zwischen den Gruppen. Die vom mittleren Osten kommen, Libanon, Iran, können es manchmal schwer haben, auch wenn es nicht durchgehend so ist... Ein iranischer Junge weigerte sich neulich zu einem Studienbesuch mitzukommen. Wir sprachen mehrere Stunden darüber und zuletzt sagte er, dass die Ursache wäre, dass es Schwarze in der Gruppe gäbe. Er sagte, zu Hause im Iran würden sie als Affen betrachtet und seine Landsleute würden ihn auslachen, falls sie ihn in der Stadt mit ihnen sähen.

Konnte er das selbst sagen?

Es kam nach einigen Gesprächen hervor. Er hatte einen traurigen Hintergrund, war viel allein, seine Eltern waren tot, er wurde zweimal nach Schweden geschickt... Aber er war unerhört stolz auf sein Volk. Es gab keine Fehler in seinem Land. Einmal sprachen wir von Homosexualität und er sagte, dass es das in seiner Heimat nicht gäbe. Gleichzeitig erzählte er, dass seine Mama die Wächter bestochen hätte, als man ihn ins Gefängnis steckte, damit man ihn nicht „vergewaltigen" sollte. Dann hängte sie ihm vor seiner Reise nach

Schweden eine Kette mit einem Kreuz um, obwohl sie Mohammedaner waren, damit er unter den Schweden leichter angepasst wäre.

Er ging mit zu dem Studienbesuch, aber hielt sich ein wenig an der Seite...

Es gibt Mädchen, die im Vertrauen erzählen, dass sie nicht den Kleiderschrank teilen könnten. Ein begabtes libanesisches Mädchen konnte ihren Schrank nicht mit einem mohammedanischen Mädchen teilen. „Aber ich werde es in keiner Weise zeigen“, sagte sie.

Sie verstand also, dass man in Schweden nicht zeigen dürfte, dass man so dachte? War es möglich, ihr Verhalten zu ändern?

Nein, das ging nicht... In den schwedischen Klassen, wo ich unterrichte, habe ich noch keine deutlichen Zeichen von ausgesprochenem Rassismus bemerkt, dagegen bei den Jungens in der Werkstatt, wo ich früher arbeitete, dort war es sehr deutlich. Alle Einwanderer „sollten raus“, alle Einwanderungsmärchen florierten. Sie waren unerhört sicher darüber, dass die Einwanderer Löcher in den Parkettboden bohrten um dem Weihnachtsbaum dort zu befestigen. Aber gleichzeitig war es so unbewusst, denn es gab Einwanderer in der Klasse. Ich sagte: „OK, wir werfen Veiko und Ibrahim hinaus!“

„Nein, die nicht, die sind richtig!“ Es galt keinem in der Klasse. Da fragte ich, welche wir dann hinauswerfen sollten. Ja, alle die anderen, sagten sie. Das war selbstverständlich.

Die anderen, die man nicht kennt?

Ja, gerade die... Ich kann mir denken, dass es das auch in einem gewöhnlichen Gymnasium gibt, aber sie können es besser verbergen. Sie sind ein wenig „smarter“. Sie wissen, es ist ungünstig, dergleichen offen zu sagen. Man erlebt nicht in der Klasse, dass es sich gegen die Kameraden richtet. Im Gegenteil haben sie in der Schule schon einige Male für Ausweisungsbedrohte demonstriert, die dann bleiben durften. Da sind die meisten dabei.

Aber du sagst nicht, dass sie im Gymnasium weniger Vorurteile haben oder dass sie mehr Kenntnisse brauchen. Möglicherweise verbergen sie ihre Vorurteile besser?

Ja, ich kann mir denken, dass es die beiden Dinge sind. Es sind wohl weniger Vorurteile dort und man verbirgt es besser.

Dann gibt es etwas, das auch mit Kenntnis zu tun hat? Man hat ja diskutiert, ob Kenntnis und Aufklärung genügt?

Ich glaube, der persönliche Kontakt ist das Entscheidende. Dass sie nicht die Informationen und Kenntnisse von uns schwedischen Lehrern bekommen, sondern von den Einwanderern, die die Erlebnisse selbst haben. Sie werden sehr beeindruckt von Erzählungen, die direkt sind. Aber es ist schwer, als Schwede da zu stehen und dasselbe zu erzählen. Da können sie mit allen möglichen Ausreden kommen: „Ja, das war ja nur eine Person, die du getroffen hast". Aber wenn sie selbst dieser Person gegenüberstehen, hat es einen anderen Effekt.

Wie kann das so sein? Dass es nicht geht, von einem einzelnen Fall zu generalisieren? Oder es von einem anderen erzählt zu bekommen?

Vielleicht weil meine Stimme eine von vielen anderen schwedischen Stimmen wird. Man hört verschiedene Geschichten und Ansichten. Meine wird eine Stimme in der Menge. Sonst treffen sie jemand, der selbst Muslim ist... Wir haben Mädchen in der Schule gehabt, die von ihrer Religion erzählt haben und wie sie leben. Da wird es nicht so sonderbar länger als wenn man Fragmente von verschiedenen Seiten hört.

Dann sind es also Kenntnisse, die auf eine Art vermittelt werden, die persönlich wird, verglichen mit dem, was man darüber liest oder vom Lehrer hört?

Es gibt sicher Jugendliche, die es sich durch Lesen aneignen, aber für die meisten muss es einen lebendigen Menschen dazu geben...

... der einem selbst noch genügend gleich ist? Aber da denke ich an die Burschen in der Werkstatt, die ja Ibrahim und Veikko getroffen haben...?

Genau, die waren ja mit in der Gruppe, und das war in Ordnung, aber dann haben sie alle die schrecklichen Geschichten darüber gehört, wie Einwanderer sind... .Das meiste war, dass die Einwanderer so eigentümlich wären, „die könnten ja nicht in gewöhnlichen Wohnungen wohnen". Zu der Zeit war es nicht so viel ökonomischer Tratsch, dass es so viel kostete.

Woher kommen die Geschichten? Von den Eltern?

Ich erinnere mich, dass ich fragte, woher sie es gehört hätten. Ich bat sie um Namen, gab ihnen eine Woche Zeit um mir die Namen derjenigen zu sagen, die ihnen gesagt hatten, was sie glaubten zu wissen. Ja, das wollten sie tun. Aber da war ja keiner, der den fand, der das gesehen oder gehört hätte... Da wurden sie nachdenklich, aber trotzdem überzeugt davon, dass es wahr wäre, denn sie hätten es aus sicherer Quelle gehört. Das ist eben sehr schwer zu durchbrechen.

Ist es bei Mädchen ebenso?

Ich glaube, es ist mehr bei Jungs. Ich merkte auch beim internationalen Club, dass es schwer war, Knaben dorthin zu bekommen, während die Mädchen eher kamen. Einige Burschen mussten wir überreden.

So hatten die Mädchen es leichter, sich einzuleben und waren weniger ängstlich, über die Grenze zu gehen?

Ja, das glaub ich auch. Meistens sind es die Jungs, die sich in Diskussionen über Fremdheit und verschiedene Sitten äußern, über Körpersprache und Ähnliches... Und bezüglich Verhältnissen, so können sie zusammen sein, Schweden und Einwanderer, obwohl man nie ein Verhältnis sieht zwischen einem muslimischem Mädchen in traditioneller Kleidung und einem schwedischen Burschen. Das kann natürlich auch auf ihr beruhen.

Wie denkst Du, wenn du damit arbeitest?

Ich weiß nicht. Als Lehrer ist es schwer, systematisch zu sein, weil es so verschieden in den Klassen aussieht... Wenn ich Schwedisch unterrichte, gibt es oft Diskussionen über den Text, den man liest und wenn diese Fragen aufkommen und jemand steif ist, lass ich ihm vermutlich mehr Zeit nehmen. Der Schülertyp sperrt sich leicht und bekommt in der Regel viel Widerstand von den Kameraden, aber es ist wichtig, dass alle auf alle hören, auch für diese Person.

So wird das wie ein Beispiel dafür, wie man Verschiedenheiten entgegenkommt?

Ja, so ist es wohl, aber selten von mir geplant, wir sind so gedrängt mit der Zeit.

Wie kommt es, dass gerade du solche Fragen aufwirfst? Es muss ja Lehrer geben, die da vorbeisehen oder sich nicht darum kümmern.

Das Schwedische liegt ja nahe, so empfindet man diskutieren nie als verlorene Unterrichtsstunde. Dann habe ich ja die Einwanderer so nahe bei mir. Oft bin ich eine der wenigen Schweden, die sie kennen und das gibt mir eine gewisse Verantwortung... .Ich habe früher mit schwer erziehbaren Kindern gearbeitet und bin zufällig zu den Einwanderern gekommen, aber meine Erfahrung von den schwer erziehbaren Kindern war nützlich.

Hast du dich in deinem eigenen Leben mit Problemen von verschiedenen Nationalitäten beschäftigen müssen?

Nein, ich komme vom hohen Norden, ich hatte nie vorher einen Einwanderer gesehen bevor ich zum Studium nach Uppsala kam. Aber auf dem Lande zu Hause gab es viele Einzelgänger, die als ein natürlicher Teil im Dorf lebten. Das Sonderliche durfte da sein.

Dass du selbst nach Uppsala kamst, ist das ein Grund?

Ja, das tut es wohl. Ich erinnere mich, dass ich fasziniert war davon, in einer Gegend mit einer Geschichte zu sein. Ich hatte nie eine Geschichte über das nördliche Schweden gelesen, aber hier gab es alle berühmten Schlachten und Könige. Ich fühlte mich wohl auch ein wenig als Außenstehender... Und am Schwersten ist es unter den erwachsenen Kollegen, mit denen ich arbeite zu erwidern, wenn man solche Tendenzen von Rassismus merkt, wenn sie sagen: „Ich bin kein Rassist, aber es ist doch schrecklich, dass..." und „vielleicht gibt es in fünfundzwanzig Jahren keine Kinder mit blauen Augen mehr".
Solche merkwürdigen Äußerungen! Oft bin ich verstummt, war nicht im Stande, es in einer konfrontierenden Diskussion aufzunehmen.

Solchen Äußerungen ist es oft schwer zu erwidern mit ihrem unterschobenem Sinn, eben das „ich hab ja nichts gegen sie, aber... „

Aber ich glaube auch nicht, dass es gegen den einzelnen Einwandererschüler geht, sondern es ist dasselbe wie...

... wie mit den Werkstattschülern Veikko und Ibrahim?

genau.

Ich glaube, es gilt in der Entwicklung der Jugendlichen, so kategorisch zu sein, „Der ist riesig süß", „der ist ein Vollidiot"... Es ist schwer, die Gegensätze in sich zu halten, aber sie leben ja weiter bei gewissen Erwachsenen und können bei uns allen geweckt werden. „Es kann nicht gleichzeitig Blau- und Braunäugige geben". Was ist es, das begünstigt, dass das psychische Ausmaß in den Individuen entsteht, das bewirkt, dass man Gegensätze verträgt? Ein Teil dieser Aufgabe kommt sicher von der Familie, aber die Schule hat auch eine wichtige Rolle.

Etwas, woran ich in den Diskussionen um Einwanderung gedacht habe, das eigentlich nichts mit Fremdenfeindlichkeit zu tun hat, ist, dass die Burschen sagen (denn sie sind es meistens): „Und das finden alle hier in der Klasse!" Die ganze Zeit versuchen sie zu verallgemeinern und alle in der Klasse mit einzuschließen. Ich pflege mich an jeden Einzelnen zu wenden und ihn zu fragen: „Findest du das auch?" Da kommen die Variationen. Aber oft fangen sie mit einem ängstlichen Blick nach rückwärts an: „Das finden wohl alle hier?" Es gibt da eine so große Unsicherheit.

... die es verführerisch macht zu vereinfachen.

Das ist ein Verhalten, dem man fast nie bei Einwanderern begegnet, dass sie auf diese Weise reden.

Das mit den Jungen ist auch interessant. Das Bedürfnis, extrem zu sein, sich zu profilieren.

Ja, dann ist es auch, dass die Einwandererjugendlichen und speziell die Knaben, sich sehr von der Art der schwedischen Jugendlichen mit Erwachsenen zu sein unterscheiden. Es ist unglaublich! Eine Selbstverständlichkeit bei den Einwandererschülern ist es, dass sie auf mich zukommen, mich umarmen, fragen, wie es mir geht, wissen wollen, was ich tun würde, kommen oft zu Besuch in die Schule, wenn sie schon aufgehört haben. Wenn ich ihnen in der Stadt begegne und meine Einkaufstaschen trage, so sagen sie: „Du sollst nicht tragen, ich geh mit dir nach Hause".

Das sieht in den Augen der schwedischen Jungs sehr schlecht aus, aber bei vielen der Einwanderer ist es in ihrem Wesen integriert. Ich war zu Geburtstagsfesten bei Einwandererfamilien eingeladen, wo sowohl Erwachsene wie Jugendliche waren und die Jungen gehen umher und sprechen mit allen Erwachsenen. Wir essen ja mit den Schülern in der Schule. Die Einwanderer finden es oft besonders nett, wenn wir Lehrer zusammen mit ihnen essen. Das finden an und für sich auch die schwedischen Schüler, wenn sie sich schon daran gewöhnt haben, dass wir da sind. Am Anfang sind sie ein wenig geniert und wollen so schnell wie möglich gehen, während die Einwanderer die Chance nehmen, sitzen zu bleiben und zu plaudern.

Wir haben wohl eine getrennte Jugendkultur hier, die es nicht in vielen anderen Ländern gibt?

Alles ist auch so alterseingeteilt, auch in den Jugendgruppen, 13-15Jährige und so weiter... Als ich ein Kind war, waren die Erwachsenen immer mit bei allen Vergnügungen, denn es gab keine anderen. Die Unterschiede zwischen eingewanderten und schwedischen Jugendlichen ist bei den Jungen, glaube ich, am größten.

Du meinst, dass es den schwedischen Burschen nicht gefällt, wenn sie das hier sehen? Finden sie es schmeichlerisch?

Ja, genau. Da wollen sie nicht dabei sein, eigentümlicher Weise, während es für schwedische Mädchen natürlicher ist.

Die Burschen müsste man also aufteilen? Nur Jugendlicher, der noch in die Schule geht, ich hab nichts mit diesem Lehrer zu tun oder mit anderen Erwachsenen, ich gehör zu einer Gruppe. Zur Not kann ich noch mit einem Mädel zusammen sein, denn die Sexualität erfordert es. Sogar das kann schwer sein, habe ich verstanden, das Mädel der Gruppe vorzuführen.

Wir hatten einen Test für unsere Einwanderer. Sie durften schreiben, was sie wollten, denn wir wollten sehen, wie sie die Sprache verwendeten. Die Burschen schrieben auch viel von Liebe, sie redeten auch viel von Liebe. Ich hab' einen ganz wunderbaren Aufsatz von einem Jungen: „Wie ich mein fünftes Mädchen traf." Wir Einwandererlehrer wissen das meiste über ihre Liebesgedanken, es ist ihnen selbstverständlich, dass sie darüber erzählen.

Da sind sie nicht so eingeteilt in wasserdichte Fächer wie die schwedischen Jugendlichen?

Nein.

Ein schwedischer Junge, der so schreiben würde, den würden die Kameraden vermutlich als unmännlich bezeichnen, aber unter den Einwanderer wäre er vielleicht ein flotter Kerl in der Gruppe.

Ja.

Was meinst du wäre notwendig um die Vorurteile zu bekämpfen?

Manchmal liest man in den Zeitungen von Orten, die in Bereitschaftslagern Flüchtlinge aufnehmen, dass es da auch Patenfamilien gibt. Eine schwedische Familie! Das ist wie ein fantastischer Traum für diese Jugendlichen, zu einer schwedischen Familie nach Hause zu kommen. Ich hab nicht viel Familie anzubieten, es ist mehr, dass man zu mir nach Hause kommt. Aber sehen zu dürfen, wie es in einer schwedischen Familie funktioniert, das ist ein Traum für viele Einwandererschüler, dass man sie hineinlässt.

Man könnte sicher viel durch die Schule tun, wenn man in kleineren Gruppen mit solchen Fragen arbeiten könnte. Man würde die Kenntnisse, die die Einwanderer haben, besser ausnützen, nicht als ein Lehrfach oder einen Kurs, aber mehr, dass sie ihre eigenen Kenntnisse verwenden.

Es soll ein neuer Lehrplan fürs Gymnasium werden, erfuhren wir in einer kurzen Information darüber. Das Fach für Geschichte soll mehr Stunden bekommen. Es stand, alle Schüler sollten Grundkenntnisse in der Geschichte des eigenen Landes haben. Alle fassten das als schwedische Geschichte auf, außer wir Einwandererlehrer, die gleich fragten, was: „das eigene Land“ da war. Der Rektor sagte, dass er wohl automatisch an die schwedische Geschichte dachte. Aber es steht so und es wäre ja ganz fantastisch, wenn man diesen Schülern eine solche Sache vermittelte. Oder in der Literatur, als persische Literatur; die ist sicher unerhört spannend, obwohl man ja nichts davon weiß. Es ist, als hätten sie keine Kultur, wenn sie kommen. Niemand fragt danach... Ich kann auch erleben, dass Einwandererjugendliche es leicht haben, Leute Rassisten zu nennen, wenn jemand gegen sie ist. Man muss recht viel damit arbeiten. Was ist Rassismus und was der Anspruch auf Anpassung zu gewöhnlichen Normen?

Wie ist es mit der Lehrkraft im Allgemeinen? Sind die Lehrer ängstlich, die schwedischen Normen zu verteidigen, wegen des Risikos, Rassisten genannt zu werden?

Ich erkenne das von mir selbst am Anfang, man hatte eine Unsicherheit und Vorsicht, aber mit der Zeit habe ich gelernt, deutlich zu sein und Dingen, die ich falsch ansehe, entgegenzutreten, sonst wird es auch für die Einwandererschüler mühsam. Fast das halbe Semester pflege ich damit zu verbringen, dass sie verstehen, dass wir von der Schule auch Anforderungen an sie stellen. Sie sind andere Systeme gewöhnt, wo der Lehrer auf andere Weise handelt. Es dauert lange Zeit, denn sie haben es schwer, unsere Grenzen zu sehen. Wenn sie an steinharte Lehrer gewöhnt sind, finden sie, dass alles nur so fließt, dass man tun darf, was man will. Allmählich verstehen sie, dass es nicht Schlaffheit ist, sondern dass es Ansprüche darauf gibt, was sie allein fertig bringen sollten.

Ich denke wieder an die beiden Burschen in der Werkstatt, die sind wohl auch recht hellhörig für die gefühlsmäßige Vermittlung der Kenntnisse.

Aber sie können doch nicht mit allen Ibrahim und Veikko eng befreundet sein?

Nein, das ist sehr schwer, man muss viel Kontakt mit ihnen haben. Vielleicht haben die Leiter in den Freizeitheimen größere Möglichkeiten als die Lehrer am Gymnasium, denn wir haben sie ja nur hie und da für eine Stunde. Ein Teil Lehrer hat 300 Schüler in einer Woche, da gibt es keine persönliche Begegnung.

Was machten übrigens Veikko und Ibrahim selbst? Es wäre wichtig gewesen, wenn sie etwas gesagt hätten: „Nur weil Ihr uns kennt, könnt Ihr doch nicht alle anderen ausschließen."

Sie waren still, vielleicht froh, dass man sie akzeptiert hatte... Manchmal glaube ich, dass, wenn die Einwanderer sich an diese äußerliche forsche Art anpassen, sie so akzeptiert werden, aber es ist schwerer, wenn sie das Spezifische behalten, wie in dem Verhalten zu den Erwachsenen.

Dann gilt es, keinen Neid zu wecken oder Gefühle davon, faktisch anders zu sein?

Wie zum Beispiel, dass manche Einwanderer elegant gekleidet sind und flotte Autos haben. Sie zeigen nicht ihre Heime, wie wir es tun, sondern sich selbst und das gibt falsche Signale.

Ich glaube, es ist wichtig, dass die Jugendlichen darüber reden. Wenn man Diskussionsgruppen plant, merkt man, wie wichtig das ist. Es muss in einem kleineren Kreis geschehen, nicht mit dreißig Personen. Auch wenn sie negativ sind, haben sie das Bedürfnis, das zu lüften und etwas zurück zu bekommen, dass etwas geschieht, dass es nicht fest verankert ist.

Ebenso, wenn jemand von Auswärts kommt und über sein persönliches Schicksal erzählt, das engagiert immer. Erst wenn man einem Menschen begegnet, der etwas erlebt hat, öffnet man die Sinne, sonst wird es zu unpersönlich und erschreckend, um es aufzunehmen.

Ein kleines Mädchen aus Eritrea schrieb einen Aufsatz, darin stand: „Als ich auf dem Rasen saß, fiel eine Bombe neben mir nieder." Ich fragte sie, ob das wahr wäre. Sie antwortete, dass es so wäre, lächelte und rührte sonst keine Miene, sie schützte sich hinter der äußeren Ruhe vor allen schrecklichen Erlebnissen, die sie gehabt hatte.

Ich denke daran, dass es schwedischen Jugendlichen schwer fallen kann, das Selbstgefühl der Einwanderer zu dulden, wenn sie nicht einen eigenen Stolz für „das eigene Land“ haben.

Ja, in der Werkstattklasse fragte ich einmal, welche Bücher sie gelesen hätten. Es waren ungefähr 14 Schüler und einer von ihnen hatte ein Buch gelesen, *Mio, mein Mio* (Ein Kinderbuch von ASTRID LINDGREN). Die meisten hatten so schwere Lese- und Schreibschwierigkeiten, dass es fast unmöglich war, sie in Schwedisch zu unterrichten. Sie fanden es langweilig, bis ich auf die Idee kam, ihnen vorzulesen. Wenn ich es unter zwanzig Minuten jede Doppelstunde tat, machten sie was auch immer. Wir lasen Kinderbücher, die für 11- bis 15-Jährige geschrieben waren. Das letzte Mal sollten wir ein Schlusskapitel lesen. Es war schönes Wetter und wir saßen draußen unter einem Baum auf dem Schulhof und ich bot ihnen Kuchen und Saft an. Als ich da saß und vorlas, kam ein Bursch, ein recht forscher, stieß mich an und sagte: „Das ist ja genau wie im Hort.“ Ich fragte ihn, ob das etwas machte. „Nein“, sagte er. Das war ja rührend. Es wäre nötig gewesen, über so viel anderes Grundlegendes zu reden als darüber, was recht oder fehl wäre, wenn es Einwanderer betreffe. Sie hatten es so armselig gehabt.

Das Gespräch mit Birgitta bringt mehrere wichtige Fragen ans Licht und scheint einige Antworten zu geben. Wenn die Burschen von der Werkstatt alle Einwanderer hinauswerfen wollen mit Ausnahme von Veikko und Ibrahim, mangelt es ihrer Logik, aber das scheint sie nicht zu stören. Die Integration von Schwarz und Weiß, Bekanntem und Unbekanntem, zu Hause und anderswo, ist unzureichend in ihnen. Gleichzeitig betont Birgitta, wie wichtig die persönliche Kenntnis ist, das heißt wenn diese Burschen „die anderen“ auf dieselbe persönliche Weise getroffen hätten, wie sie Veikko und Ibrahim trafen, würden sie die anderen auch akzeptieren!

Vor allem scheinen Jungen mit anderen Burschen, die sich unterscheiden, Probleme zu haben. Die ausländischen Knaben scheinen Fragen zu wecken, Neid und das tuffscheue Äußere bei den Schweden herauszufordern. Mädchen scheinen nicht dieselben Probleme damit zu haben, Kontakt mit anderen Einwanderermädchen zu bekommen. Vielleicht ist es so, dass Mädchen weniger harte Relationsgrenzen haben, was bewirkt, dass sie einander über die Kulturgrenzen finden.

Viele Lehrer scheinen sich dahinter zu verstecken: „Ich hab ja nichts dagegen, aber...“ Doch scheinen auch solche Lehrer sich um Schüler anzunehmen, die sie persönlich kennen lernen. Es ist die Gruppe der Einwanderer, die Anonymen, die die Feindschaft erweckt.

Wenn die Burschen alle in der Gruppe mit einbeziehen wollen in „so finden alle!", sieht man den ängstlichen, unsicheren Bedarf an Vereinfachung. Es darf keine Komplikationen geben oder etwas, das Unsicherheit weckt. Die anderen sind auf eine Art und wir denken alle auf eine andere Art. Wenn Birgitta sie einzeln über ihre Ansichten fragt, wird die Gruppe auf dieselbe Weise nuanciert, wie eine einzelne Person ihre Ansichten nuanciert, wenn man sie bittet, nachzudenken.

Birgitta spricht auch von dem Bedarf von schwedischen Patenfamilien, die ausländischen Familien in die schwedischen Heime hinein zu lassen. Alle Einwohner eines Landes, die auf längere Urlaubsreisen in fremde Länder fahren, können bezeugen, wie bedeutsam es ist, zu einer ausländischen Familie eingeladen zu werden. Erst dann ist man da „gewesen" oder ins Land hineingelassen worden. Die Einwanderer sind ja nicht einmal auf Urlaub hier, aber sie werden doch selten herein gelassen.

Bei den Nachrichten hörte ich neulich, dass man in Kroatien die Flüchtlinge aus Bosnien in Familien wohnen ließ statt in Lagern, wäre das hier möglich?

Die Kenntnisse der Einwanderer zu nützen wäre auch wichtig, sonst erlebt man sie als kulturlos oder als Personen mit bizarrem Verhalten. Sie könnten von ihrem Leben erzählen, ihrer Heimat, Literatur, ihren Gewohnheiten usw., und auf diese Weise eine persönlich überzeugende Bekanntschaft für die schwedischen Empfänger zustande bringen. Birgitta betont auch, wie die Schweden ihre eigenen Vorstellungen in kleinen Gruppen diskutieren müssten, wo die Äußerung der Attitüden schon ein Teil der Infragesetzung der Vorurteile wäre.

Zuletzt gibt Birgitta ein dramatisches Bild der kulturellen und emotionellen Dürftigkeit, die es unter den stereotypen Haltungen gegen die Einwanderer geben kann. Diese Jugendlichen brauchen keine hochtrabenden Diskussionen, sie brauchen Vorleser von Schönliteratur um die Widersprüche in ihrer inneren Welt entwickeln und bereichern zu können, und sie scheinen es selbst zu verstehen, wenn sie ihnen vorliest.

Die Schule

„Es ist toll geworden, die Einwanderer zu hassen und lustig ein Nazi zu sein", sagen Schüler von der einer Schule, wenn sie die Schülerwahl des Jahres zusammenfassen, wo die extrem Rechtsgerichteten nahezu 20 % bekamen. – Die Jungen zeigen ihre Männlichkeit, indem sie „Sieg Heil" schrieen. Wer für die Sozialdemokraten stimmt ist feig und dumm im Kopf... – Man nimmt die

Extremparteien als einen lustigen Einfall, außerdem ist es in einigen Gruppen in, Einwandererhasser zu sein." (Hagerfors)

Mit dem vorhergehenden Gespräch mit Birgitta will ich auch auf die Bedeutung der schwedischen Schulleitung hinweisen, wie man das Fremde empfängt. Die Schulleitung könnte sich auch für die Interessen ihrer Einwandererschüler gegenüber einer misstrauischen schwedischen Umgebung einsetzen. Aber, wie ich aus dem, was Birgitta sagt (und was ich von anderen Lehrern, mit denen ich gesprochen habe) gehört habe, gibt es oft eine Unkenntnis über die rassistische „Wörterliste" bei den Lehrern, eine Unbeholfenheit, die vielleicht ein unbewusstes Mithalten war, eine Furcht für erwachsene humanistische Bewertungen zu stehen, auch im Verhältnis zu undemokratischen Verhaltungsweisen (Wörterliste = typische Umschreibungen, Lenkworte, Mythen und mehr oder weniger verdeckte Beschimpfungen, die regelmäßig durch die Jahrhunderte wiederkommen).

Aus einer anderen Perspektive fühlt sich vielleicht die Schule und dessen Leitung als Opfer für eine Einwanderungspolitik, die bewirkt, dass man eine Menge Einwandererkinder von verschiedenen Nationalitäten auf ein und demselben Platz versammelt, obwohl man sie hätte integrieren und unter anderen Einwohnern verteilen können.

In gewissen Gegenden, wo man viele Einwandererkinder sammelt, scheint es einen Grund für Rassismus in dem Zusammenprall zwischen verschiedenen Einwandererkulturen zu geben. Inmitten der Fremden wächst die Fremdenfeindlichkeit. Wie geht das zusammen? Wo man sich die Multi-Kultur erwartet und alle sich gegenseitig in die verschiedenfarbigen Arme fallen sollten!

Ich glaube, dass die Antwort bei den verschiedenen Vorstellungen liegt bewussten und unbewussten – ausgesprochenen und unausgesprochenen – schlagen in unsere Psyche und zwingen uns, dass wir gruppenmäßig oder individuell anfangen zu erleben oder uns gemäß ihnen zu benehmen. Diese Frage hat viele beschäftigt, unter anderen Wilhelm Reich, den marxistischen Psychoanalytiker, der sich fragte, wie die Arbeiterklasse in Deutschland Hitler folgen konnte statt ihren eigenen Parteien und Interessen. Er zeigte, wie der autoritäre Mensch den Uniformen, dem Gehorsam, dem Äußeren und damit gleichzeitig dem Inhalt, der ihn direkt in die Katastrophe führt, gehorcht. Auch da war die rassistische Ideologie dabei als eine wichtige Attraktionskraft für die Massen. Wie konnten sie so davon ergriffen werden?

Gerade in der Schule gibt es wahrscheinlich die entscheidende Gelegenheit, wo Vorstellungen in Frage gestellt werden können, so dass sie sich nicht zu Vorurteilen entwickeln. Birgitta betont, wie ein Teil aus erster Hand Hilfe für ihre eigene gefühlsmäßige und kulturelle Dürftigkeit braucht. Wenn diese Dürftigkeit mit sinnvollem Inhalt ausgefüllt wird, bekommt auch die Psyche das nötige Ausmaß, um verschiedene Vorstellungen zu bearbeiten und in Frage zu stellen.

Eine Wörterliste über gewöhnliche Vorstellungen von Fremden müsste es in der nächsten Folge geben, so dass man den rigiden Auffassungen entgegnen könnte. „In China gibt's Chinesen mit langen Bambusröhrn, sie fangen Missionäre und braten sie so gern." Wie alt ist man, wenn man beginnt, diese Vorstellungen in einem Kinderlied zu hören?

Wir können ahnen, wie diese andauernden Vorstellungen historische und politische Wurzeln haben. Als man die Sklaven aus Afrika nach Amerika deportierte, war es nötig, den Handel zu legitimieren, indem man die Afrikaner als Untermenschen ansah. Das lebt noch immer in USA als Gegensätze zwischen Weißen und Schwarzen. Als die Siedler nach Australien und Tasmanien kamen, erschlugen sie die Ureinwohner aus demselben Grund. Die Indianerkriege legitimierte man auch damit, dass man die Indianer als Wilde betrachtete.

Es scheint besonders leicht zu sein, das psychologische Abstandsnehmen gegen Fremde gerade durch den Unterschied im Aussehen anzufangen. Dem Abstandsnehmen folgen projizierte und neidbedingte Mythen: Die Potenz der Schwarzen, das Talent für Weitspringen und die Musikalität, die Geldeinstellung der Juden, ihre Perversionen und Unverlässlichkeit, das diebische Wesen der Zigeuner, die Betrügerei der Araber, der Sadismus der Japaner, und so weiter.

All das braucht Luft und soll in der Schule diskutiert werden, so dass die wirklichen Unterschiede in Kultur, Gewohnheiten, Ansichten, mit den mythologischen verglichen werden können, gleichzeitig den Gleichheiten eine Chance geben, in persönlichen Begegnungen hervor zu kommen.

Wir kommen auf die Jugendlichen in dem Gespräch mit Franz zurück. Jetzt ist es Zeit, mehr auf den Hass einzugehen.

Das Individuum und der Hass – der innere Druck

Der Positionsbegriff

Die Psychoanalytikerin Melanie Klein mit österreich-ungarisch-englisch-jüdischem Ursprung hat zwei Begriffe über die psychischen Positionen des Kleinkindes geschaffen, die wir in diesem Abschnitt nutzen. Außerdem kann man sie verwenden, um etwas über die optimale Entwicklung des Kindes zu sagen.

Die schizo-paranoide Position (Spaltung und Verfolgung) dominiert in den ersten vier Monaten des Lebens. Mit „Position" meint Klein eine Lage, in die wir, in größerem oder kleinerem Maß während des ganzen Lebens, neigen zurückzukehren. In dieser Position gibt es die aggressiven und zerstörenden Triebtendenzen, Seite an Seite mit den liebevollen. Die andere Person (das Objekt), wird in zwei Teile gespalten, die gute und die böse Person. Die bezeichnenden psychischen Prozesse sind die Introjektion (einzunehmen) und die Projektion (nach außen zu verlegen). Die Angst, die intensiv sein kann, ist vom Verfolgungstyp, von dem bösen Objekt zerstört zu werden, nachdem das Böse bei mir selbst zu dem bösen Teil des anderen verlegt wird, während das Gute bei dem anderen zu dem Guten bei mir selbst gelegt wird.

Wenn sich das Kind entwickelt und sechs Monate ist, beginnt eine neue Position Form anzunehmen. Das Kind kann die ganze andere Person sehen. Die Verfolgungsangst wird geringer und das Kind kann die gute und böse Person (gewöhnlich die Mutter) zu einer Person zusammenführen (integrieren). Dieselbe Person kann sowohl gute wie schlechte Seiten haben und das Kind wird vor eine psychische Konfiktsituation gestellt; widersprechende Gefühle werden gegen dieselbe Person gerichtet (Ambivalenz). Statt der paranoiden Furcht, von der bösen Person zerstört zu werden, kommt nun die Fürsorge um die ganze andere Person. Statt dessen ist es nun die Angst diese ganze Person durch Separation zu verlieren. Deshalb nennt Melanie Klein diese die depressive Position.

Viele haben diskutiert, wie es diese komplizierten Prozesse so früh im Leben geben kann (siehe Igra 1983). Man kann sie als glaubwürdige Annahmen ansehen mit Begrenzungen, die es gibt, kleine Kinder zu beobachten und mit ihnen zu kommunizieren. Aber indem man sie in wiederkommenden Positionen im Leben sieht, bekommen sie einen besonderen Erklärungswert.

Die schizoparanoide Position ist normal der Grund, verschiedene Phänomene von einander zu unterscheiden, während die depressive Position der Grund ist für die integrative Zusammenführung von Teilaspekten zu einem Ganzen, und damit die Möglichkeit zu Trauer und Reparation gibt.

Wenn die Entwicklung nicht allzu vielen Störungen ausgesetzt wird, wenn die Liebe und gefühlsmäßige Gegenwart der Mutter, der Pflegerin, größer ist als Kälte und Abwesenheit, wird das Kind ein Vertrauen dazu entwickeln und Liebe wird größer als der Hass. Damit kann es kreativ und reparativ sein, kann bauen und das Ganze aus den Teilen wieder herstellen.

Auch in der Normalentwicklung wird der Mensch zwischen den Positionen pendeln, aber Hauptsache ist, dass die depressive Position im inneren Leben dominieren darf. „Depressiv" bedeutet also, dass die unbearbeitete Trauer darüber, anderen schaden zu können, zur Depression führt, während die durchgearbeitete Trauer zu Reife und Ganzheit führt. Es handelt von der Bereitschaft zur Trauer, die darin liegt, das ganze Objekt zu verlieren und mit ihm die Möglichkeit zur Fürsorge, Schuld und Reparation.

Das Individuum und der Hass

Was die verschiedenen Arten von Bedrohungserlebnissen im Verhältnis zu Fremden zu verbinden scheint, ist – der Hass. Es ist nicht offen erkennbar, wie wenn eine Volksmenge versucht, eine Person zu lynchen. Man kann es in mehr subtilen Attitüden wahrnehmen, eine neutrale Gleichgültigkeit vor Leiden, Schwierigkeiten sich in das Problem anderer einzuleben, anscheinend bagatellartige Vorurteile oder eine unbewusste Attitüde von partiellen Scheuklappen.

Wie sieht das Einleben in den anderen Organisationen wie dem Einwandereramt aus? Es besteht ja zwar aus Individuen, auch wenn es als Institution fungiert. Wenn man Menschen in ein unsicheres oder mit Sicherheit gefährliches Schicksal ausweist, so wissen ja die einzelnen Beamten, wovon es handelt, auch wenn sie sich hinter bürokratischen Formulierungen verstecken. Wenn der Arzt des Einwandereramts bestimmt, dass jemand nicht genug krank ist, um nicht ausgewiesen zu werden, da müsste ja die Frage des Einlebens aktuell sein, auch wenn der Arzt den Anschein geben will, dass die Frage nichts mit der „medizinischen" Beurteilung zu tun hätte. Ich will versuchen, ob der unbewusste Hass nicht auch eine wichtige Rolle in diesen Organisationen spielt. Er kann fungieren, indem man das Einleben in den anderen fort administriert; es hat nichts mit der Sache zu tun. „Da würden ja alle bleiben dürfen!"

Es fiel mir oft auf, wie defensiv das Einwandereramt als Institution fungiert. In seinem Bild nach außen scheint es meist den Schein zu geben, als Agent der Einwohner gegen die Einwanderer zu fungieren. Natürlich soll das Amt die Interessen des Staates vertreten, aber gleichzeitig sieht man so wenig von offensiven Handlungen im Interesse der Einwanderer. Hier denke ich sowohl an Politiker, die Einwandererminister und deren Mithelfer sowie die Beamten im Einwandereramt. Was sagen diese offiziellen kollektiven Verhaltungsarten aus, abgesehen von den Verhaltungsarten bei den einzelnen Individuen, die die Gruppen aufbauen? Das neutrale Amt steht als kollektiver „Nein-sager". In den Massenmedien sieht man kein offensives Verhalten gegen die Interessen der Einwanderer (und des Einwohners, nachdem die Interessen beider Gruppen eigentlich vereinbar sind!). Im TV „Anschlagstafel" gibt es Information von verschiedenen Ämtern, aber selten, wenn überhaupt, von den Einwandererämtern darüber, wie wichtig das Einfühlen in den anderen ist. Vermutlich gibt es starke Gegensätze bei den Individuen, die in diesen Ämtern arbeiten, aber aus irgendeinem Grund lässt man das Bürokratische, defensiv Neutrale als Hauptbotschaft überwiegen, statt dem Engagierten und Offensiven.

In dem Buch *„Die Flucht zu uns"* von 1983 schreiben die Verfasser (Ärzte, Juristen, Einwandererkonsulenten und Soziologen) über die Aufnahme der Flüchtlinge durch unsere Behörden. Das ist ein äußerst genauer Durchgang mit beleuchtenden Fallbeschreibungen der verfälschten Aussagen, die es in der Flüchtlingspolitik gibt. Das Buch ist vermutlich viel zu wenig gelesen und bekannt, denn es ist eine rasende, aber sachliche Abrechnung mit dem Behördenmissbrauch:

Diese Art politischer Kontrolle, wie die Regeln und die Richtlinien für die Schutzsuchenden auf eine eingeschränkte Art angewendet werden, unter anderem von der Polizei und dem staatlichen Einwandererwerk SIV. Die politischen Ausschüsse haben nicht genug Kontrolle bei der Leitung der Beamten zur Behandlung des Ausländergesetzes ausgeübt. Die Beamten des SIVs haben es in einer Reihe von Jahren unterlassen einzugreifen, unter anderem gegen oft vorkommende und klar falsche Abweisungsbeschlüsse, die von der Polizeibehörde gegen die Asylsuchenden beschlossen worden waren. Weder SIV noch die Arbeitsmarktbehörde machen ihre Praxis bekannt oder einer politischen Debatte zugänglich. Es gibt im Gegenteil eine nicht geringe Geheimnistuerei.

Das ganze Buch gibt einen haarsträubenden Einblick in die brutale Handhabung, die man bezüglich ausländischer Staatsbürger zulässt und der Taubheit, betreffend der Verhältnisse in anderen Ländern, wohin man bereit ist, die Flüchtlinge zurückzuschicken. Ich meine nicht, dass die ganze Erklärung zu dieser Unempfindlichkeit psychologisch begründet ist. Es gibt sicher organisatorische, juristische, volksrechtliche, und andere Aspekte, aber es muss einen psychologischen Faktor geben, der die Korridore bei den Behörden ausfüllt, die sich mit Einwandererfragen beschäftigen.

Der Hass scheint die verschiedensten Maskierungen anzunehmen und wir müssen untersuchen, ob er sich nicht – in verschiedenem Ausmaß – bei den Beamten der Behörden versteckt. Im neutralen Verhalten und unbeholfener Unkenntnis bei der „Allgemeinheit", bis zu mehr sichtbaren Varianten von offenem Hass, wo der Grad verstärkt und die Maskierung geringer ist. Aber wir müssen weiter zurückgehen um den Begriff Hass fassen zu können.

Hier werde ich von Standpunkten des englischen Psychoanalytikers Eric Brenman berichten, der sich auf Melanie Kleins Theorien über die Voraussetzungen des Kindes Hass zu entwickeln, stützt.

Bei dem Säugling gibt es einen Wunsch, die Mutter total zu besitzen. Das kann man als eine Grundverteidigung des Kindes gegen die notwendige Trennung von der Mutter sehen. Die Mutter kann nicht immer da sein, aber wenn sie genügend oft und auf zufriedenstellende Art da ist, werden die guten Erfahrungen überwiegen. Das Kind lernt, die Trennung auszuhalten, nachdem die Mutter in guter Erinnerung im seelischen Inneren des Kindes geblieben ist und das Kind auch weiß, dass die Mutter das Kind noch mental in sich hat. Das Verständnis des Kindes für das Notwendige und Schmerzhafte in der Trennung wird wichtiger als die primitive Genugtuung: „Du musst immer bei mir sein".

Der Säugling kann in seinem Eifer, die Mutter total zu besitzen auch kannibalistische Impulse gegen die Mutter erleben, die es dann auf sie projiziert, das heißt auf die Mutter legt, so dass sie zu einem Teil als ein kannibalistisches Monstrum dasteht (siehe „schizo-paranoide Position"). Doch wieder, mit guten Erfahrungen, die die schlechten aufwiegen, wird es das Monstrum zähmen können.

Die menschliche Wahrheit ist, dass der Säugling die Mutter braucht. Diese Humanisierung – das Verständnis dafür, dass man andere braucht – wirken gegen die primitive Verteidigung von Kannibalismus, totale Besitzergreifung und projizierte Verfolgungsangst gegen das kannibalistische Monstrum.

Gewisse Menschen wachsen doch auf, bereit diese humanistische Wahrheit zu opfern. Genau wie im Propagandakrieg ist das erste Opfer die Wahrheit. Diese Menschen behaupten, dass sie keine anderen brauchen, sie haben es schwer, andere Menschen zu schätzen oder zu vermissen. Stattdessen sind sie beschäftigt mit Ungerechtigkeiten (die doch eine versteckte Art ist, mit anderen abzurechnen). Gleichzeitig stehen sie als verzweifelte, einsame Personen da, die mit einer Gemeinschaft nicht fertig werden, denn da müsste man andere Personen schätzen oder vermissen. Es ist, als wäre der Schmerz zu groß und lieber verzichtete man auf die ganze Wahrheit darüber, dass man andere braucht, als den Schmerz wieder erleben zu müssen.

Die Geschichte dahinter kann unterschiedlich aussehen: frühe psychische oder physische Übergriffe, Mängel in der Pflege und im Einleben, Erlebnisse von Einsamkeit und Verlassenheit. In der autoritären Familie erhält man vielleicht nur Liebe, wenn man zeigt, dass man sie nicht braucht. „Sei ein Mann!", „Ein Bub weint nicht", „Sie ist ein starkes Mädchen". Der Mangel und die Übergriffe können einen tiefen Hass wecken, der, ebenso wie die vorhin genannte primitive Verteidigung der humanen Wahrheit entgegenwirkt. Man richtet nun den Hass sowohl nach außen, gegen die, die den Bedarf nicht zufrieden stellen konnten, als auch nach innen, gegen die eigene Person, wo die Identifikation mit den Eltern, den Erwachsenen, in einem schonungslosen Gewissen resultiert, das alle Versuche an die menschlichen Bedürfnisse „zu glauben", zerbricht.

Gleichzeitig können die abweisenden und sadistischen Angriffe dieser Personen es ihnen besonders schwer machen, sich in die eigene Belastung einzuleben, nachdem sie auch darum kämpfen, nicht in Kontakt damit zu kommen. Anstatt die grundlegenden Bedürfnisse ausdrücken zu können, werden diese mit mehr Verfolgungsangst, ständiger Beschäftigung mit Unrecht, sadomasochistischen (plagenden und selbstplagenden) Beziehungen und manchmal Perversionen ersetzt (Perversionen = wenn Transvestiten sich Frauenkleider anziehen, kann man es interpretieren, dass sie sowohl die Mutter bei sich haben und gleichzeitig den latenten Hass gegen sie ausdrücken, indem sie eine Frau karikieren. Man hat nicht mehr den Bedarf sie zu vermissen oder sie zu fuhlen.).

In dem Bestreben, das Vermissen los zu werden kann dieses Individuum sich sowohl mit einer Menge Ersatz ausfüllen, wo die sadomasochistischen oft eine zentrale Art sind, den Hass auszudrücken, als auch allem Sinnvollem, was man im Leben wichtig findet, zu entledigen und sich stattdessen zu einem misstrauischen Zyniker entwickelt. Alles andere wird wichtiger als Bedürfnis und Vermissen zu fühlen, sogar Nichtigkeit! Die Abhängigkeit von einer wohlwollenden Person erlebt man als etwas Undenkbares.

Nachdem man alle Menschen als ebenso gehässig wie sich selbst erlebt, ist man umgeben von unzuverlässigen Zynikern, die man möglicherweise mit sadistischen Mitteln zwingen könnte, zu bleiben, aber nicht erwarten kann, dass sie es freiwillig tun könnten. Das Motto ist, jemanden zum Hassen zu finden, sein Gefühl des Unrechts auf einen zu richten, der an allem schuld ist, statt eine Möglichkeit in dem gegenseitigen Erreichen von guten Zielen zu sehen.

Ein gesellschaftlicher Grund für (oder davon) diese individuellen Probleme sind alle totalitären Ideologien, bei der man eine Seite als ganz richtig und alles andere als komplett falsch bezeichnet. Der Fundamentalismus in allen dessen Formen gibt dieses schwarzweiße Bild von der Welt. Die Menschen sind da nicht gleichzeitig gut wie böse, sondern manche Menschen sind gut (die Bekenner) und gewisse sind böse (die Gegner). Diesen Fundamentalismus kann man iranisch nennen, osteuropäischen Nationalismus, Thatcherismus, Kommunismus, etc., den gibt es überall wo die schwarzweiße Auseinandersetzung vorherrscht. Wer nicht mit uns ist, ist gegen uns! Da opfert man die Wahrheit, dass der Mensch sowohl gut wie böse ist, unvollkommen und gehässig, aber auch liebevoll. Das ist auf der gesellschaftlichen Basis dasselbe wie das Unvermögen des Säuglings die Mutter als gut und böse zu sehen, aber wo sie allmählich zusammenschmelzen darf in dem Bild einer genügend guten Person, das man in sich tragen kann.

Außerdem scheint die gute Beziehung ein Handikap eingebaut zu haben, bezeichnend dafür eben ist, dass sie nicht konstant ist. Sie variiert mit der Zeit: manchmal ist sie gut, manchmal weniger gut. Die schlechte Beziehung ist dagegen ständig schlecht, wobei die hasserfüllte Person den Beweis darin sehen kann, „wie es ist".

Bei dem, dessen Hass dominiert, wird der ganze Gedankengang davon gesteuert, nicht zu reflektieren oder sich mit Hilfe eines anderen (nachdem es den anderen als eine geschätzte Person nicht gibt) zu besprechen. Statt dessen sollen die Gedanken anderer Menschen kontrolliert und gesteuert werden, was auch eine mögliche Spur des autoritären Hintergrunds sein kann, der den Hass schafft. Man hat Recht oder Unrecht, weiß oder schwarz, alles, was dazwischen ist, zeugt von Schwäche und ist nur unserer Verachtung wert. Menschliche Beziehungen werden aus fragmentarischen Teilen bestehen, wie Sexualität, oft von sadomasochistischer Art, um die Einsamkeit zu verbergen und den Bedarf zu verneinen, und um die notwendige Kontrolle auszuüben. Aber alle Beziehungen, die drohen, mehr menschlich (= ganz) zu werden, müssen verneint oder abgeschlossen werden, nachdem sie die Oberhoheit des Hasses herausfordern.

Die Arbeit mit der Aufteilung oder Spaltung in gut und böse, weiß und schwarz, hält während des ganzen Heranwachsens an, auch in der Jugend. Die Jugendlichen haben oft noch viel von den Tendenzen übrig, in Extremen zu denken. „Ich hass ihn" oder „sie ist großartig". Diese Aufteilung hat ja auch die positive Funktion, die Menschen zwischen gut und böse, richtig oder falsch, unterscheiden zu lehren. Die Schwierigkeiten entstehen jedoch wenn die nuancierte Skala dazwischen, mit Mischungen von gut und böse, als eine hoffnungslos fade Grauskala aufgefasst wird, die möglicherweise für langweilige Schwächlinge ist. Nach und nach wird diese Nuancierung entwickelt, aber manchmal ist der Hass zu stark und bleibt mit seiner Spaltung bis in das Erwachsenleben bestehen.

Die obige Auseinandersetzung kann ein Teil des Hintergrunds zu dem unbewussten Sadismus im Fremdenhass sein, nachdem dieser Hass bei uns allen ist, verschieden groß und auf einem unbewussten Grund, dessen wir uns nicht alle bewusst sind. Wir sind alle mehr oder weniger geschädigt, geprägt und konfus durch die problematischen Verhältnisse in unserem Heranwachsen. Wir behandeln die verschiedenen Abhängigkeiten an der Menge und dem Grad der Integration oder Nuancierung mit guten Erfahrungen.

Während ich das schreibe, sehe ich gleichzeitig einen Debatteartikel über den Film *„Der Engelhof"* im Svenska Dagbladet. Die Rubrik lautet: „Beklemmender schmieriger Humanismus im Engelhof". Der sehr kritische Verfasser ärgert sich darüber, dass die Bosheit nicht mehr eindeutig beschrieben wird: „Wäre ich ein kürzlich eingewanderter Schwarzschädel würde ich bekümmert werden über den viereckigen Optimismus, der, von dem Erfolg des Filmes zu schließen, bei vielen Schweden da ist."

Warum ist er besorgt über den Optimismus? Kann es den nicht auch geben, besonders, da viele Schweden die Botschaft zu schätzen scheinen. Kann das noch Bösere nicht doch noch da sein? Nein, scheint er zu sagen, es gibt nur Bosheit, der Optimismus ist falsch! Außerdem wundert es mich, dass das Wort „Schwarzschädel" nicht unter Anführungszeichen steht. Kann sein, dass der Hass des Verfassers sich durch seine Art das rassistische Wort zu gebrauchen zeigt, ohne, sich davon zu distanzieren?

Noch ein Mal: „Ich würde mich als Schwarzschädel in dem schmierigen Humanismus am Engelhof beklommen fühlen und mich zu einem Hof von Teufeln und Dämonen sehnen, einem Hof, der 1992 in Schweden viel interessanter zu besuchen wäre."

Auch hier keine Anführungszeichen bei „Schwarzschädel". Warum sehnt sich der Debatteur nach der reinen Bosheit? Ja, er meint, dass die geschilderte Güte falsch sei. Er will „Kunst, die weh tut" haben. Das, was als ein radikaler filmkritischer Text über die wahre schwedische Fremdenfeindlichkeit gemeint war, wird statt dessen eine versteckte Art, Hass nach allen möglichen Seiten auszudrücken. Die Schauspieler bekommen auch ihre Schläge, obwohl sie kaum mit der Dramaturgie des Filmes zu tun hatten. Es scheint ein Beispiel von dem versteckten, nicht zugegebenen Hass, der dem Schreiber einen Streich spielte.

Da sind wir wieder bei dem Einfühlen in den anderen. In der inneren Unsicherheit, die dadurch zustande kommt in gut und böse aufteilen zu müssen, das nicht nuanciert ineinander übergeht, gibt es keine Fähigkeit, sich in eine andere ganze Person einzuleben, jemand, der gut und böse ist. Statt dessen werden gewisse gut/weiß – die Führer, die eigenen, die dieselbe Aufteilung von schwarz und weiß haben – während andere böse/schwarz werden – die anderen, die, die umgekehrte Verteilung von weiß und schwarz sehen oder die, die sich weigern aufzuteilen und deshalb mit Verachtung als Schwächlinge angesehen werden. Die Weigerung aufzuteilen (oder das Vermögen gut und böse zu integrieren) bedeutet ja an sich schon etwas Verachtungsvolles für die schwarzweißen Aufteiler. Die Nuancierung sehen sie als Schwäche, Unentschlossenheit, „Weiblichkeit“, „Schwulheit“, oder andere Schimpfworte, die man als erniedrigend auffasst.

Sich in einen anderen einzuleben wird unmöglich, wenn der andere „anders“ ist (mit der anderen, bösen Seite identifiziert wird), „schwach“ (erinnert auch an die eigene verneinte Schwäche, einsamer Außenseiter), „bedürftig“ (erinnert an den eigenen, stark verneinten Bedarf, der mit Schwäche verknüpft wird), „nuanciert“ (wird als fade Unentschlossenheit und Schwäche gedeutet) und „gefühlvoll“ (wird als unmännlich aufgefasst, das heißt mit dem Risiko dafür, dass die eigene Sorge, „die Weiblichkeit“ und die Homosexualität hervorbrechen könnte.)

Sich in den anderen einzuleben, erfordert also, dass das Gute in ausreichendem Maß in den Erfahrungen überwogen hat, so dass es mit dem Bösen umfangen und integriert werden konnte. Auf diese Weise hat man die Sorge über das Unvollkommene in der Welt und bei sich selbst akzeptieren können und dann kann man den anderen sehen.

und Neid ...

Als eine Extrawürze zu der größeren oder kleineren Menge Hass, die uns alle beschäftigt, gehört der Neid. Auch hier war es Melanie Klein, die die Aufmerksamkeit auf dieses Phänomen in der Psychologie lenkte, als sie den Artikel *„Neid und Dankbarkeit“* 1957 schrieb. Seit damals hat man den Begriff Neid in der Psychologieforschung gehabt, angefangen vom frühen Leben des Säuglings und durch die weiteren Jahre. Ein Beispiel ist Betty Joseph, die Gedankengänge darüber entwickelt, wie der Neid in verschiedenen Formen im Alltag besteht.

Der Neid ist, zum Unterschied von der Eifersucht, weniger sozial akzeptiert. Eifersucht handelt von Beziehungen zwischen drei Menschen: Einer ist eifersüchtig, da der andere, den man liebt, den Dritten vorzieht. Das ist begreiflich und akzeptabel, nachdem es von Liebe handelt, die nicht erwidert wird.

Der Neid handelt dagegen, auf grundlegendem Niveau, von zwei Menschen und richtet sich teils dagegen, was der andere hat und besitzt, teils gegen die abstrakten Gaben des anderen. Wenn man auf Grund von Eifersucht zerstört, gibt es eine sehr frustrierte Liebe als Anlass dazu, aber der zerstörende Moment des Neides ist auf Hass gebaut, da gibt es keine mildernden Umstände. Der Neider ist also nicht nur darauf eingerichtet selbst etwas zu bekommen und genießen zu können, sondern will auch etwas dem anderen wegnehmen, es übernehmen und zu einem Teil von sich selbst machen.

Auf der bewussten Ebene erkennen wir alle den Neid als eine schmerzhafte Vorstellung davon, dass jemand anderer schneller und besser ist, deshalb spüre ich eine schwache Feindseligkeit und Rivalität gegen diese Person. Betty Joseph betont, wie der Neid in stärkeren Formen auf einem mehr unbewussten Niveau zu ständiger Kritik und schnippischen Kommentaren führt; der Neider findet nichts Lobenswertes bei dem anderen, drückt aber statt dessen kritische Zweifel aus: „Es war gut, aber..."

Nachdem man immer kritische Kommentare findet, kann man neidisches Verhalten hinter Kritik verstecken, die berechtigt ist.

Außerdem hegt der Neider oft den Wunsch, das zu bekommen, was der andere hat oder es durch Kritik, Lächerlichmachen oder Provokationen zu zerstören.

Das, was der Neider nicht ausstehen kann, ist der Erfolg des anderen, seine Freude und Genuss, nicht einmal wenn der andere das Positive mit seinem Neider teilt. Der Neider hat nicht die Gabe, von dem Guten zu genießen, nachdem er das Gute bei dem anderen (worauf er neidisch ist) nicht anerkennen und deshalb auch weder Dankbarkeit erleben oder ausdrücken kann. Eine echt neidische Person kann nicht einmal zuhören, was der andere erzählt, stattdessen erfindet er alle mögliche Arten, ihn zu unterbrechen, das Gespräch zu übernehmen oder zu blockieren.

Das Ernste ist, dass der Neid den Aufbau von herzlichen, guten und vertrauensvollen Beziehungen verhindert. Der ganze Charakter der neidischen Person wird beeinflusst und damit folgt eine innere Unsicherheit. Dieses innere Gefühl davon, nicht richtig zu sein, vermehrt den Hass gegen andere, die mit sich mehr zufrieden sind und auf diese Weise wird der Neid durch die innere Unsicherheit gesteigert. Das wird ein böser Kreislauf. Der Neider erlebt die Welt als feindlich und zerstörend, was natürlich zu Misstrauen und einem sehr begrenzten Genuss des Lebens führt. Wenn er etwas Gutes erlebt, bekommt er ein nagendes Gefühl davon, dass es mehr sein sollte oder dass ein anderer etwas Besseres bekommen hätte oder dass doch irgend etwas, an dem, das er bekommen hatte, nicht in Ordnung wäre oder warum hätte er es nicht schon früher bekommen können statt jetzt?

In seinem Buch *„Neid"* gibt Francesco Alberoni viele Beispiele dafür, wie der Neid sich im Alltag zeigt und wir ihn leicht erkennen können. Die beiden Wurzeln des Neides, meint er, sind in unserem Verlangen. Wir wollen wie andere sein und alles haben, was sie haben und in unserem Bedürfnis herabsetzen. Um zu wissen, wie viel wir wert sind, vergleichen wir uns mit anderen. Verleumdung bedeutet, den anderen vor so möglichst vielen herabzusetzen in einem Versuch, den Neid sowohl zu verbergen und zu genießen. Alberoni warnt auch vor dem Rechtssprecher, der die Welt wegen Ungerechtigkeiten anklagt, den Pessimisten, der andere Menschen als kleinlich, böse und korrupt ansieht, den Kritiker, der alle anderen auf sein eigenes Niveau hinunterziehen will und den Unheilverkünder, der in aller „Freundschaft" davor warnen will, dass andere gesagt hätten, dass gerade du inkompetent und wertlos wärst. Weitere Warnsignale sind Selbstbedauern und die Jagd nach Ehrenbezeugungen.

Hier beginnt das Muster klar zu werden. Wir alle tragen Hass und Neid mit uns, den wir auf verschiedene Weise handhaben. Wir können uns dagegen wehren, aber am Schluss sickert es hervor. Oder der Verteidiger verbirgt mehr als er dagegen wirkt, sodass der Effekt derselbe ist. Wenn der Hass und Neid die Oberhand gegen die guten zusammenhaltenden Erfahrungen in uns gewinnt, zeigen wir mehr offen Intoleranz gegen die, die mehr zu besitzen scheinen, sich wohl fühlen in ihrem Eigenen und Unterschiede schaffen, indem sie anders sind.

In dem hasserfüllten und neidischen Erlebnis ist die Verschiedenheit an sich ausreichend um die Reaktion zu provozieren. Alle sollen gleich sein (denk an den Hitlergruß, die Uniformen, arisches Aussehen, u.s.w.) um nicht den Hass zum Leben zu erwecken. Die man als verschieden ansieht sind legitime Zielscheiben für den Hass, verstärkt noch mit Neid darüber, dass die Verschiedenen angeblich mehr haben oder dass sie mit ihrer anderen Lebensart zufrieden sind.

Wir können auch mit der Entwicklung des Kindes in den frühen Schuljahren vergleichen, wo alle gleich angezogen und den Spielregeln auf die gleiche Weise folgen sollen (was teilweise ein soziales Training ist), um so wenig wie möglich abzuweichen. Hier gibt es auch eine Art den Neid zu bekämpfen, durch das Zustandekommen der totalen „analen" Gerechtigkeit. Niemand ist anders, alle sehen hinten gleich aus, die selbe Sache kommt aus allen!

Nun in Kürze zurück zu der Feindlichkeit des Alltags, um eine Weile Ruhe in aller Bosheit zu haben. Der Zorn, der in Versöhnung übergeht oder die Angst der Unkenntnis, übergehend in die Faszination und Neugier auf das Unbekannte, sind ja beide ein Teil von dem überwiegend gut fungierenden integrierten Menschen. Nachdem dieses Buch problematisiert, wird es eine Unbilanz zwischen dem Problematischen, das die Gedanken hier beschäftigt, und den genügend Wohlfungierenden, wo die Menschen sich kennen lernen und zwischen den Verschiedenheiten Brücken bauen. Das Fungierende gibt es ja auch, und es bereichert mit seiner Vielfalt. Gegen Ende komme ich auf den Bedarf von mehr „Bindestrich-Mentalität", um diese Brücken zu bauen. Wir müssen lernen, dass wir von der Vielfalt bereichert und nicht bedroht werden.

Mit „Bindestrich“ meine ich, die Vielfalt in unserem Hintergrund und unserer Identität zu betonen, wie man es in USA macht. Ein irländischer Amerikaner wie Reagan hebt stolz seinen Hintergrund hervor, ebenso wie ein italienischer Amerikaner wie Dean Martin.

Einer meiner schwedisch-jüdischen Freunde pflegt alle möglichen Bindestrichgäste zu jüdischen Festen einzuladen: Den finnisch-schwedischen Pekka, den Nachbar-auf-dem-Land-schwedischen Olof, und den amerikanisch-schwedisch-katholischen Pat zusammen mit schwedisch-Juden und schwedisch-Wallonen. Niemand fühlt sich bedroht, alle fühlen sich stimuliert.

Böses und Gutes

In seinem Artikel „Die Struktur der Bosheit“ behandelt Ludvig Igra die Frage des Monotheismus (den Glauben an einen Gott) und der Bosheit. Wie soll man erklären oder auf die Bosheit sehen, wenn man gleichzeitig ein einziges allmächtiges höheres Wesen anerkennt? Diese alte religiöse Frage hat auch einen psychologischen existenziellen Grund und das ist es, was Igra vor allem beleuchtet: „Aus unserer Hilflosigkeit wächst ein Wunsch darüber, eine mythische Verständnisstruktur zu bauen, die im Stande ist, das Wesen der Bosheit einzufangen und es zu zwingen, seinen Platz in den Visionen über das Dasein einzunehmen; vielleicht wird dieses Streben von der Hoffnung getrieben, eines Tages die Kontrolle über die Bosheit zu gewinnen und deren destruktiven Wirkungen zu vermindern.“

In Melanie Kleins schizo-paranoider Position (oder Perspektive), mit der wir das Leben als Säugling einleiten und ständig darauf zurückkommen, werden böse und gute Erlebnisse voneinander getrennt und die Angst, die daraus folgt, ist die Verfolgungsangst von dem abgespalteten Bösen. Als Schutz braucht man etwa idealisiert Gutes, um den Abstand von dem Bösen zu halten. „Das Böse muss irgendwo anders als in mir selbst lokalisiert werden, sonst geh ich unter... „ (Igra). Das Böse kann auch zu anderen Glaubenssystemen, anderen „Rassen“ oder zu anderen Menschen verlegt werden, beruhend auf dem Bedarf. Gleichzeitig betont Igra, dass diese Position der Grundpfeiler für unser Vermögen sei, Gut und Böse voneinander zu unterscheiden, „kurz gesagt, unser Vermögen, zuzugeben, dass die menschliche Existenz von Unterschieden angefüllt ist, denen wir uns unterordnen müssen.”

Der Mensch hat es ständig gleich schwer, mit einem „widerspruchsvollen, schwerdeutbaren, und nicht-eindeutigen Welt- und Selbstbild auszuhalten... Wir sind immer versucht, in eine Perspektive hinein zu gleiten, wo man das Böse wieder irgendwo anders verlegen konnte.”

Nicht wie wir!

Aber wenn wir diesen Prozess fertig bringen – in der depressiven Position – gelingt es uns stattdessen, Fürsorge um den anderen zu fühlen. Es gelingt mir, zu bearbeiten und es auszuhalten, dass die Person, die ich liebe, auch Gegenstand für meinen Hass ist. Deshalb nennt man auch diese Position „depressiv", nachdem die Angst die Furcht dafür spiegelt, dass der eigene Hass die geliebte andere Person vernichten könnte. Die Fürsorge bringt auch ein Verantwortungsnehmen für das eigene Gefühlsleben (was übrigens ein wichtiges Endziel für psychoanalytische Behandlung ist – ich bin verantwortlich dafür, was ich fühle, wie ich hantiere und handle in meinem Leben, auch wenn ich die Abhängigkeit von den Umständen der äußeren Welt zugebe).

Igra betont, dass die depressive Position integrativ ist, das heißt sie fügt zusammen, was gespalten wurde. „Jedes Zusammenfügen von dem, was getrennt war, führt zu Schmerz in dem Sinn, dass wir ständig gezwungen werden Illusionen über uns selbst und die Welt aufzugeben. Ständig gezwungen werden umzudenken, ständig kämpfen zu müssen mit den Zweifeln, von denen der, der weiß, nie betroffen ist (anders als in projizierter Form, wenn ein solcher Mensch so viel Kraft daran setzen muss, Abtrünnige, Abweichende und Verräter zu jagen)."

Mit einer Anekdote aus dem Film *„Der Wegführer"* illustriert Igra wie das Vergessen, dass jeder Teil zum Ganzen gehört, zu einer Form von Bosheit wird. Das heißt wenn wir die Bosheit abspalten, fallen wir in die schizoparanoide Position zurück. Wenn wir „vergessen", dass alle Menschen zur Menschheit gehören, gibt es diese Botschaft schon. In der Gesamtheit der depressiven Position gibt es dagegen die Kenntnis davon, dass alles zusammenhängend ist, auch wenn der Verlust von einzelnen verlorenen Teilen bedauert werden muss.

„Die Zeitdimension bewirkt, dass der Verlust möglich wird, zu erfahren und seinen zentralen Platz im menschlichen Gefühlsleben einzunehmen. Die Stimme der Bosheit in uns will, dass jemand anderer als das eigene Ich von dem Verlust geplagt werden soll. Jemand anderer muss untergehen, damit ich weiterleben kann."

Diese Auseinandersetzung von den Vorstellungen über die Macht kann man erkennen („Wenn ich nicht die Macht ergreife, wird es ein anderer tun" = alle sind ebenso unverlässliche Zyniker wie ich selbst), aber sie bekommen eine tiefere Dimension mit Hilfe von Kleins Positionsbegriff.

Urban Vestin spricht in einem Artikel *„Der Mord des Vaters"*, von der uralten, nahezu zeitlosen ambivalenten Tendenz bei Vätern ihre Söhne umbringen zu wollen. Die Schwierigkeit des Vaters das integrative Bestreben bei sich zu behalten, kommt stattdessen gegen die Söhne (und die Töchter?) zum Ausdruck, was traumatisch auf die Söhne wirkt. Auf diese Weise verurteilt man sie, dieses Trauma als Erbe gegen die eigenen Kinder fortzusetzen. Dieses

Trauma trägt vielleicht zu den Schwierigkeiten bei, die depressive Position in uns zu behalten. VESTIN betont einen traumatischen quantitativen Faktor, der bewirkt, dass wir „zu viel" Trauma in uns haben um mit der inneren Verarbeitung längere Zeit auszuhalten. Stattdessen fallen wir ständig aus der integrativen schmerzerfüllten depressiven Position zurück in die abspaltene schizoparanoide Position, wo das Böse außerhalb uns selbst liegt.

Die Hautfarbe im Unbewussten

In unserem Inneren werden sich Vorstellungen von der Hautfarbe den Spaltungstendenzen anschließen. Wir sehen das, was anders ist und teilen es auf in schwarz und weiß, buchstäblich und symbolisch. In älterer psychoanalytischer Literatur über Diskriminierung in USA, von zum Beispiel STERBA, sieht man die Schwarzen als unbewusste Symbole für Geschwisterrivalität, den Gedanken an verhasste jüngere Geschwister. Man sah auch den Hass gegen schwarze Männer als einen Ausdruck für den verdrängten Teil des Vaterhasses.

Heute sollten wir uns fragen, ob das stimmt. Warum führt nicht jede Geschwisterrivalität und jeder Vaterhass zur Diskriminierung von anderen Gruppen? Sind nicht die anderen, die Schwarzen, eher unbewusste Symbole für unsere eigenen abgespaltenen bösen Teile als symbolische Ausdrücke für Geschwister und Väter?

STERBA ist doch auf einer ähnlichen Spur wie IGRA bezüglich der unbewussten Bedeutung der schwarzen Hautfarbe für die Weißen: „... unsere negativen Gefühle für Gott-Vater müssen verschoben werden zu einer Ersatzfigur, die zu diesem Zweck geschaffen wird und das ist der Teufel... Er hat mit dem Neger eine wichtige Eigenschaft gemeinsam: beide sind schwarz. Im Unterbewusstsein vieler Menschen sind die zwei identisch, beide sind Ersatz für den Vater in dem Motto, dass er gehasst und gefürchtet ist."

In den Südstaaten der USA ist die Religion persönlich, puritanisch und auf den Teufel gerichtet gewesen, mit einer merkwürdigen Mischung von primitiven Trieben und strengem Gewissen. Der Neid hat sich (nach BIRD) nur haarbreit unter den Gefühlen von Schuld und Furcht befunden und damit lag die Bereitschaft zu starken Vorurteilen nahe der Oberfläche. STERBA meint auch, dass das Interesse für Jagd denselben unbewussten Ursprung hat wie die Jagd auf Schwarze oder dem gemeinsamen Impuls zum Vatermord, so wie er bei primitiven Stämmen beschrieben wird. Das fanatische Interesse für Jagd auf Tiere kann eigentlich als ein Charakterzug bei Menschen mit ähnlicher Bereitschaft zur Menschenjagd angesehen werden (RODGERS).

Das Erlebnis der schwarzen Hautfarbe koppeln also diese Verfasser auf die gleiche Weise zu den abgespaltenen Teilen der gehassten Vatergestalt, wie der Teufel aus der Ambivalenz zu der monotheistischen Gottgestalt geschaffen wurde. Außerdem gibt es ein primitives kulturelles Klima mit den Wurzeln von der Herren-Sklaven-Gesellschaft, wo die Schuld im Verhältnis zu den Schwarzen und die Furcht vor ihrem Aufruhr von dem Neid und den Projektionen von eigenen, unerwünschten Teilen balanciert wird.

Wir können uns fragen, ob „gewöhnliche Schweden" im heutigen Schweden auf ähnliche unbewusste Art auf die dunkle Haut- und Haarfarbe bei unseren Einwanderern reagieren. Der Begriff „Schwarzschädel" scheint ja dafür zu sprechen, dass gerade das Dunkle mit den unbewussten Strömungen zusammenstößt, die mit primitiven Erlebnissen von Bosheit, Teufel und anderen schwarzen Abgründen zu tun hat, sowohl abgespaltene Teile von anderen Primärpersonen als dem Vater.

„Schwarzschädel" kontrastiert gegen „heller Kopf" mit allen dessen positiven Bedeutungen.

Der Antisemitismus

Über den Judenhass

Der moderne Antisemitismus ist eine Mischung von anti-jüdischen Vorstellungen. Dessen Geschichte fordert, dass man ins Mittelalter zurücksieht und sucht, wie diese Vorstellungen im Lauf der Jahrhunderte mit einer ganzen Skala von Ideologien kombiniert worden ist. (KATZ)

Man muss die Psyche des Antisemiten beachten, ebenso soziale und ökonomische Faktoren. Auch muss man versuchen zu verstehen, warum gerade die Juden eines der häufigsten Opfer der Fremdenhasser gewesen waren (und sind). Es kommt zum Beispiel vor, dass die Vernichtung der Juden mit anderen Völkermorden gleichgestellt wird. Diese Gleichstellung kann bis zu einem gewissen Punkt erfolgen, aber die jüdischen Erfahrungen durch die Jahrhunderte sind so einheitlich, dass es eine weitgehende „Universalisierung" ist, wie vor der historischen Aufgabe die Augen zuzumachen.

Der Rassismus ist eine ziemlich spät gekommene Ideologie, die man zu antisemitischen Zwecken verwendete und die enorme Konsequenzen bekam. Es gibt eine Menge anderer Ideologien: Die konservative, die allem Neumodischen misstraut und sich dem Einfügen der Juden in die Gesellschaft widersetzt hat; die sozialistische, die sich immer die den Juden aufgezwungene traditionelle Rolle unter den Kapitalistenregime widersetzt hat; den Liberalismus, der unter dem Einfluss des Christentums das Judentum als eine alte Stammesreligion herabgesetzt hat, unterlagen den christlichen Beurteilungen. (KATZ)

Ich habe nicht den Raum, auch nicht die Absicht, auf die historischen und religiösen Gründe des modernen Antisemitismus einzugehen. Das gibt es gut beschrieben bereits anderswo: Das Verhältnis des Christentums zu seinem jüdischen Ursprung, die Geschichte der Juden in Spanien, Alexandria, Türkei, Deutschland, Polen und Russland, die Pogrome, die Diskriminierung, die religiösen Hassmythen, der Glaube gewisser christlicher Gruppen an die Juden als Mittel, die Ankunft des Messias zu beschleunigen, die speziellen Verhältnisse in der muslimischen Welt.

Die speziellen Markierungen, hinter denen sich der Antisemitismus verstecken kann – Ideologien, „Wissenschaft“ und politische Auffassungen – werden nur eine sehr oberflächliche Beschreibung bekommen. Die Verkleidungen verlieren ihre Hülle und zeigen ihren antisemitischen Inhalt erst, wenn man gewisse Phrasen in der historischen Wörterliste gegen Juden erkennt oder wenn die Antisemiten von ihrem offiziellen hauptsächlichem Thema (wie die Nah-Ost-Politik) abgleiten und zur generalisierenden Charakteristik der Juden übergehen.

Das Zentrale am Antisemitismus besteht aus dem Unwillen die Juden eben als Juden zu akzeptieren. Es hat eine historische Erwartung dafür gegeben, dass die Juden mit ihrer Zugehörigkeit aufhören würden, wenn sie mehr und mehr emanzipiert und in die Gesellschaft eingegliedert wären. Als das nicht der Fall war, wurde es vor allem von den Christen als Unbehagen erlebt. „Der innere Widerspruch im Herzen der jüdischen Emanzipation – die bürgerlichen Rechte eines Volkes anzuerkennen, in der Hoffnung, dass es verschwinden werde – begann, seinen Preis zu fordern. (Katz)

Gleichzeitig kann man gerade diesen zentralen Faktor als einen möglichen psychologischen im Zusammenspiel mit allen anderen sehen. Es gibt eine merkwürdige Kontinuität und Konstante, mit der der Antisemitismus trotz der Unterschiede in den äußeren Umständen wiederkommt. Deshalb können die Ideologien und die ökonomischen und sozialen Umstände auch als Randfaktoren für viel ältere und tiefere psychologische Probleme angesehen werden, die ihrerseits Reste von religiösen historischen Gegensätzen haben.

Die Juden haben ihre spezielle Geschichte im Verhältnis zu den nachfolgenden Christen und Mohammedanern. Sie sind als lebende Erinnerung an diese Geschichte in den umgebenden Majoritätskulturen von Christen und Muslimen geblieben. Vielleicht weicht deshalb der Antisemitismus von anderem Rassismus ab, weil er im Zusammenhang mit just diesen uniken Verhältnissen steht? Aber der Antisemit braucht diese Verhältnisse nur als Sprungbrett für sich, um seine höchst privaten „Psychologien“ dann bei sich selbst auszuleben.

Der Antisemitismus als psychologisches Problem enthält die ganze Skala vom einfachen Sadismus zu komplizierten psychischen Verhaltungsarten im Verhältnis zu menschlichen Beziehungen. Um dessen psychologische Essenz einzufangen, werde ich einen Rundgang durch Freuds Ideen, dem Gedankenschema des italienischen Psychoanalytikers Arietis machen, um schließlich bei dem französischen Analytikerpaar Chasseguet-Smirgel und Grunberger zu landen, die versuchen das Gedankensystem selbst einzukreisen. Ich berichte, wie ich ihre Gedanken auffasse und über meinen Versuch einer Synthese davon.

Es ist Zeit, wieder daran zu erinnern, dass es zwei Haupttypen von Antisemiten gibt, ebenso wie von Rassisten und Fremdenhassern. Der offen Hasserfüllte, der eben seinen privaten Hass im Verhältnis zu Juden zufrieden stellt ist eine andere Art Person als der diffus vorurteilsvolle mutmaßliche Mitläufer, der einen reellen äußeren Druck braucht, um die Vorurteile in Handlung umzusetzen. Lassen Sie mich deshalb mit unseren heutigen Alltagsmythen beginnen, um etwas über diesen Druck anzugeben.

Alltagsmythen

Wenn man wie ich in Schweden aufgewachsen ist und um 1950 bis Anfang der 60er Jahre in die Schule gegangen ist, begegnete man einer Reihe mythischer Vorstellungen von Juden, die ein selbstverständlicher Teil des Alltags waren. Buben, die viele Kugeln beim Kugelspiel sammelten, nannte man „Kugeljuden", den Besitzer eines Kleidergeschäftes, der vielleicht (?) Jude war, nannte man „Kleiderjude", die große Nasen hatten „Judennasen". Auch heute können Menschen mit unschuldiger Miene und vielleicht ohne böse Absicht sagen, dass ein Jude „eine besondere Nase für Geschäfte" habe.

Wenn ein Jude gegen diese Vorstellungen reagiert, kann er als überempfindlich oder humorlos angesehen werden, aber der Jude weiß, dass diese Vorstellungen zu der „Wörterliste" gehören, die auf unsichtbare sonderbare Art in den Wörterlisten der Familie, der Freunde und Lehrer weitergeführt werden.

Ab und zu werden – auch in Schweden – jüdische Grabsteine geschändet indem man Hakenkreuze darauf malt. Wenn jemand den Antisemitismus öffentlich beanstandet, pflegt er danach mit antisemitischen Beschimpfungen bedacht zu werden; vermutlich wird es mir nach diesem Buch auch so gehen.

Diese Schändungen gehören mit den großen Mythen zusammen: „Die Juden haben eine weltumspannende Konspiration mit kollossalen Mengen Geld zur Verfügung." Die Konspiration richtet sich gegen alle Gegner, die sie geeignet finden: gegen den Sozialismus – wie im früheren Sowjet – gegen die Muslime – wie im Iran – gegen die Reinheit des Landes – da die Juden gegen verschiedene nationalistische Bewegungen konspirieren. Die Juden beschäftigen sich mit Ritualmord an Kindern, Schändungen an christlichen Frauen, Blutsaugen, Ansteckungsverbreitung (Lepra, Aids), sie betrügen ehrliche Menschen um ihr Geld und arbeiten selbst nicht.

Vorurteile kommen auch in umgekehrter Form vor. Von den Juden in Israel verlangt man eine besonders hohe Moral und Ethik, eben weil sie Juden sind und sich von allem Bösen, das man sonst auf sie legen kann, reinwaschen müssen. Da sie soviel Leiden ausgesetzt waren – Leiden reinigt und veredelt – dürfen sie nicht auf normale menschliche Art reagieren (z.B. Hass hegen, Rachegefühle). Israel kann selten wie andere Länder nach Gut und

Böse beurteilt werden, nachdem dort Juden wohnen. Juden kann man auch als besonders begabt betrachten, mit Talent für Kunst, Wissenschaft und Geschäfte, wobei die Bewunderung und der Neid als ein dünner Deckmantel für feindliches Abstandsnehmen verwendet wird.

Juden schweigen oft über ihre Identität, um nicht zu riskieren antisemitische Stimmungen zu wecken. Die Flüchtlinge, die nach dem Nazismus nach Schweden kamen, waren sehr vorsichtig damit, öffentlich für ihr Jüdischsein einzustehen. Die mosaischen Kulturgemeinden in Schweden haben erst in späteren Jahren gewagt, den Namen auf „jüdische" zu ändern. Wenn der Antisemitismus aufflammt, schiebt man es mehr oder weniger auf die Juden, die „ihn geweckt haben." Der Antisemitismus wird also als etwas angesehen, das mit den Juden und ihren Eigenschaften zu tun hat, nicht mit den Bedürfnissen der Antisemiten. Jakubowski weist als Kontrast darauf hin, dass der Antisemitismus das Vorkommen von Antisemiten voraussetzt, nicht das von Juden.

Andere Volksgruppen in Schweden, wie Gotländer, Nordländer, Balten oder gewisse Einwanderer wie Norweger, Amerikaner, Engländer können vermutlich für ihre Traditionen, Ansichten oder Interessen einstehen, ohne zu riskieren, Antistimmungen gegen ihre Gruppe zu „wecken". Dagegen frage ich mich, wie viele Zigeuner, Türken, Deutsche, Iraner, Araber und schwarze Afrikaner außer den Juden für die Interessen ihrer Gruppen einstehen können, ohne Reaktionen im Stil von: „Wollt Ihr hier sein, müsst ihr so sein wie wir!", zu bekommen.

Das bedeutet, dass der latente Rassismus und Antisemitismus wie ein schlafendes wildes Tier ist. Wenn das wilde Tier geweckt und es rasend wird, sagt man, dass der Jude schuld ist, dass die Raserei ausgelöst wurde, nicht dass die wilde Natur des Tieres die Ursache ist. Wenn Gotländer und Nordländer vorbeigehen, wacht das Tier nicht auf, die sind nicht so drohend. Manche Jugendliche können im vollen Ernst sagen: „Er sah so dumm aus, dass ich gezwungen war, ihn zu schlagen." Sie glauben, dass es das Äußere des anderen und nicht das eigene innere wilde Tier, das Problem ist.

Man kann sich auch fragen, ob der Antisemitismus und Rassismus aus verschiedenen Handlungen besteht, die von Personen mit verschiedenen Motiven ausgeführt werden, oder ob der Antisemitismus und Rassismus Eigenschaften bei diesen Personen bedeutet, d.h. bei „Antisemiten" und „Rassisten" Für die Opfer sind sicher die Handlungen das Entscheidende. Das Motiv spielt eine kleinere Rolle für den Schmerz, aber mit etwas Abstand betrachtet, glaube ich, dass man Rassisten und Antisemiten als Personen mit gewissen speziellen Charakterzügen ansehen kann. Wir kommen später auf diese zurück.

Freuds Gedanken über Antisemiten

Wie ich schon vorher erwähnte, machen die unbewussten psychologischen Kräfte oft von den übrigen soziologischen, politischen, ökonomischen und historischen Faktoren Gebrauch, die ich den „äußeren Druck" genannt habe.

Es gibt latent antisemitisch handelnde Personen, die potenziellen Mitläufer, deren antijüdischen Gefühle unter gewissen Verhältnissen entwickelt werden. Viele von ihnen haben nie einen Juden getroffen.

Freud meinte, dass es eine Gruppe offensichtlicher Faktoren gebe, die gewisse Personen zu mehr oder weniger unbewussten Vorurteilen gegen Juden inspirieren:

- Die Juden leben oft als eine Minorität unter anderen Völkern. Die Zusammengehörigkeit der Majorität verlangt oft einen äußeren Feind und eine Minorität zieht diese Unterdrückung auf sich.
- Die Juden trotzen der Unterdrückung, nicht einmal die brutalste Verfolgung hat sie ausrotten können. Das schafft Phantasien darüber, dass sie auf eine erschreckende Art anders sind.

Freud setzt mit einer Anzahl tieferer unbewusster Motive für Vorurteile gegen Juden fort. Ich sehe sie als einen Ausdruck für seinen Ideenfluss in einer für ihn wichtigen Frage. Sie sind nicht undiskutable Fakten, eher mehr oder weniger glaubwürdige Hypothesen eines Analytikers:

- Die Juden wecken Neid bei anderen Völkern, indem sie behaupten, Gottes erstgeborene Lieblingskinder zu sein. Diese unbewusste Geschwisterrivalität gibt es auch bei anderen Völkern.
- Das Beschneidungsritual zeichnet die Juden im Verhältnis zu den Christen aus (aber nicht zu vielen anderen Völkern) und weckt unbewussten Schrecken und Phantasien über Kastration, und staunenden Neid darüber, dass die Juden eine solche Kastration überleben. Es gibt ein Bild von dem kastrierten, impotenten und schwachen Juden, und gleichzeitig (im Unbewusstsein können Gegensätze ohne Probleme vorkommen) ein Bild von dem Juden mit ungewöhnlich sexueller Kraft oder grausamer Perversion.
- Die Juden werden angeklagt, Lepra zu verbreiten (in früheren historischen Zeiten), was Freud als eine Projektion (nach außen verlegen) der anderen deutet: „Sie trennen sich von uns als hätten wir Lepra."
- Freud meinte, dass viele Christen „mangelhaft gechristet wären, d.h., dass sie unter einer dünnen Schicht des Christentums den Polytheismus (Mehrgötteranbetung) ihrer Vorfahren behalten hätten. Also wären sie noch

nicht über die Bitterkeit über die Religion hinweg gekommen, die man ihnen aufgezwungen hatte und das wurde auf die Quelle zu ihrem Christentum projiziert. „Der Hass ist im Grunde ein Hass gegen das Christentum und es ist nicht erstaunlich, dass in der deutschen nationalsozialistischen Revolution dieser klare Zusammenhang zwischen den beiden monotheistischen Religionen zu so klarem Ausdruck für Feindlichkeiten gegen beide führt.“ (Freud, 2)

- Die Christen sahen die Juden als die Mörder Christus. Indem sie Christus lieben und zu Gott machten, konnten sie ihre Schuldgefühle loswerden, die alle Menschen haben, weil sie gegen den eigenen Vater Todeswünsche hegen. Nachdem die Juden sich weigern, Christus als Gott anzuerkennen, werden sie für die Christen die wirklichen Vatermörder.

Man hat auch in Freuds Nachfolge verschiedene – mehr oder weniger glaubwürdige – Auslegungen von Hitlers Person und seinen unbewussten Konflikten gemacht. Durch den Versuch, den führenden Nazi mittels seiner Biographie und der anderer zu verstehen, versucht man auch die unbewussten Wurzeln anderer Vorurteile zu verstehen. So ein Ausleger von Hitler (Kurth) meinte, dass seine Besessenheit von der „Blutschande“ in Ehen zwischen „Ariern“ und Juden man als eine Parallele zu seinem Abscheu vor Syphilis und dessen Konsequenzen sehen kann. Aber die „Blutschande“ führt auch in eine andere Richtung, nämlich zu den Inzesthandlungen, die in Hitlers Familie vorkamen. Hitlers Vater war ein uneheliches Kind und er heiratete in dritter Ehe Hitlers Mutter, die die Tochter einer Halbschwester seines Vater war. Hitler selbst war verliebt in die Tochter seiner Halbschwester.

All das ist zweifelhaft und unzureichend als Erklärung zu Hitlers Antisemitismus – und meiner Meinung nach belanglos, wenn es der Bereitschaft der breiten Massen, eventuell mitzulaufen, gilt. Man macht da den Fehler, Personen wie Hitler, dessen private Hassquellen offenbar waren, mit anderen Menschen zusammen zu binden, die relativ annehmbare Verhältnisse des Heranwachsens hatten.

Auch wenn man die „schwarze Erziehung“ hinzufügt, auf die u.a. Alice Miller hinweist und die Konsequenzen davon (auf die wir später zurückkommen), brauchen wir mehr allgemein gültige und tiefgehende Erklärungen zur glaubwürdigen und möglichen Entstehung von Mechanismen für den breiten Antisemitismus.

Im Lauf der Jahre ist viel über die unbewussten Gründe für das Aufkommen von „Rassenvorurteilen“ geschrieben worden, aber nach meiner Beurteilung geben diese Verfasser (Ackerman & Jahoda, Simmel, Loewenstein) eher Ausdruck für ihre eigenen psychologischen Theorien als eine überzeugende Erklärung dafür, wie ein „einfaches" Vorurteil zu komplizierter antijüdischer Besessenheit entwickelt werden kann.

Nun will ich über einen Verfasser referieren, der ein gesammeltes historisch-kulturelles und psychologisches Bild von den Voraussetzungen für den Nazismus gibt. Es ist Silvano Arieti – hier bewegen wir uns von den „einfachen" Vorurteilen bis zu den Extremen des Antisemitismus.

Arietis Ansicht über den Antisemitismus

Der italienische Psychoanalytiker Silvano Arieti hat eine Hypothese zu fünf Faktoren, die die Voraussetzungen für die nazistische Barbarei bilden. Er meint, dass das Phänomen Nazismus so komplex ist, dass jede Art Erklärung anspruchsvoll wirkt. Doch teilweise grenzt er sich ab von den psychologischen Aspekten der denkbaren Erklärungsmodelle, teils von den Aspekten des Nazismus, die sich gegen Juden richten. Seine Faktoren kann man sagen, sind eine Fokussierung auf die äußeren und inneren Umstände, die „gewöhnliche" Menschen dazu bringen, antisemitische Mitläufer zu werden.

Die Charakteristik des Opfers

Dass die Juden potenzielle Opfer sein könnten, hat, nach Arieti religiöse und philosophische Gründe. Abraham ist der symbolische Prototyp. In einer der alten jüdischen Schriften, Midrasch, beginnt die Geschichte von Abraham mit seiner Beziehung zu seinem Vater Terah, der Götzenbilder herstellt und verkauft. Der junge Abraham wird wütend darüber, dass die Leute diese Figuren kaufen und ihnen Opfer bringen. Eines Tages, als Terah verreist ist, schlägt Abraham die Figuren mit einem Stock kaputt und setzt dann den Stock in die Hände des größten Abbildes. Als der Vater zurückkehrte und fragte, was Abraham getan hätte, antwortete er, dass die Götzenbilder miteinander gekämpft hätten und der Größte alle anderen zerstört hätte. Terah protestierte: „Diese Abbilder haben keine Kenntnis, Du, mein Sohn Abraham, wagst es, dich über mich lustig zu machen."

Abrahams Standpunkt ist, wenn die Abbilder sich nicht bewegen können, wie kann man sie dann anbeten? Terah wird erbost und lässt Abraham vor König Nimrod führen, der Abraham zum Tod verurteilen will, aber er wird gerettet.

Abraham wird Modell für die Verhaltungsweise späterer Juden. Sie sind lieber den Märtyrertod gestorben als Götzenbilder anzubeten. Sie haben sich geweigert, Herrscher anzubeten, die sich als Götter angesehen haben. Ein Teil hat der harten Linie Abrahams nicht folgen können, aber die Majorität hat es durch mehrere tausend Jahre gemacht. Indem sie an der „unsichtbaren Welt“ festhielten, dem unsichtbaren Gott, haben sie einen hohen Preis bezahlen müssen: den Verlust menschlicher Rechte, Verachtung und Hass von anderen Gruppen, Unterwerfung, Martyrium und Tod.

Arieti sieht Abraham in zwei Rollen. Einerseits ist er der Prophet, der die „bilderlose Transzendenz“ erklärt, andererseits ist er „Ikonoklast“, der die Götzenbilder anderer zerstört.

Chasseguet-Smirgel zitierte unter einem Vortrag in 1992 den englischen Literaturwissenschaftler George Steiner, der das Christentum und den Marxismus als Abtrünnige des Judentums bezeichnet. Eine so verdichtete Beschreibung spielt vielleicht auf die große Schwierigkeit an, auf Götzenbilder zu verzichten und einen bildlosen Gott ohne weltliche Gestalt zu akzeptieren. Stattdessen kommen Christen und Marxisten in die Versuchung, sich an Jesus, respektive die kommunistische Partei zu wenden.

Auch wenn andere Völkergruppen einen Teil der abstrakten bildlosen Gottheit der Juden akzeptieren, setzen sie doch fort, die Juden als die anzusehen, die die meist geschätzten nicht-jüdischen Werte zerstören. Die Juden fordern nicht nur die Vorstellungen anderer heraus, sondern setzen auch Fragezeichen worauf die anderen meist Wert legen. Zu diesem alten religiösen Bild der Juden sind noch andere mythische Bilder hinzugefügt worden: Abrahams Erben zerschlagen nicht nur Götzenbilder, sondern sie zerstören alle Götter und töten zum Schluss auch Gott. Der Jude wird also wegen „Deicid", dem Gottesmord angeklagt.
Diese mythische Anklage führt zu einem anderen Faktor über.

Die Attitüde der christlichen Gesellschaft gegen die Juden

Die Juden werden seit fast 2000 Jahren Christusmörder genannt. Besonders während der Osterzeit sind die Juden oft Gegenstand gewaltsamer Aktionen gewesen, oft mit päpstlicher Unterstützung. Im Jahre 1555 schrieb Papst Paul IV in der Bulle „*Cum nimis absurdum*“, dass es absurd wäre, den Juden, die am größten Verbrechen der Geschichte, dem Mord an Jesus, schuldig wären, zu erlauben, ihre Freiheit zu haben und christliches Mitleid zu genießen. Von nun an müssten sie abgesondert von der christlichen Bevölkerung leben und ein gelbes Zeichen tragen. Es wurde ihnen verboten, christliche Diener zu haben, an christlichen Feiertagen zu arbeiten, Christen Geld zu leihen und sogar mit ihnen zu reden. Es wurde ihnen nur erlaubt, gebrauchte Waren und Kleider zu verkaufen, die andere Handelsleute verschmäht hatten. Wir erkennen Hitler von 1933.

Nach der Bibel, falls man sie als historisch wahres Dokument akzeptiert, wurde Jesus von den Römern getötet. Auch wenn eine Anzahl Juden an dem Prozess teilnahmen oder ihn bezeugten, bedeutet das ja nicht, dass der Großteil der Juden in dem römischen Protektorat Judäa oder in der Diaspora eine Schuld an Jesus Tod hatte. Das wäre dasselbe, wenn man alle Griechen, die 399 vor Chr. oder alle nun lebenden Griechen für die Hinrichtung von Sokrates verantwortlich machte. (Außerdem gibt es viel, das darauf hinweist, dass die „Pharisäer", die an dem Urteil gegen Jesus teilnahmen, von den Römern, und also nicht von den Juden selbst als religiöse Führer ernannt worden waren. (Skoog))

Paulus versuchte vergeblich die Juden zu überreden, zum Christentum überzutreten und Jesus als Messias anzuerkennen, aber Abrahams Erben verneinten wieder die Göttlichkeit eines anderen Gottes. Die Juden „töten" den christlichen Gott, indem sie Jesus nicht als Gott anerkennen.

Kein Jahrhundert hat mehr Opfer von den Juden gefordert als das letzte mit der Vernichtung. Die Geschichte Abrahams scheint zu zeigen, wie die Juden lieber die Rolle der Opfer akzeptieren als ihre Religion aufzugeben und auf Grund dieses Glaubens und der Anklage des Gottesmordes werden sie verfolgt und gehasst.

Dieser Hass ist in zwanzig Jahrhunderten beibehalten worden, unterstützt von einflussreichen christlichen Führern. Zum Beispiel war Martin Luther ein passionierter Antisemit (Shirer), er wollte Deutschland frei von Juden haben. Man sollte den Juden ihr Geld und ihre Juwelen rauben, ihre Synagogen und Schulen verbrennen, ihre Häuser zerstören und sie zwingen, in Ställen zu wohnen wie die Zigeuner (die man auch nicht als Menschen betrachten müsste!), in Armut und Gefangenschaft, nachdem sie ständig „zu Gott über uns klagen".

Diesen Ratschlägen folgte einige Jahrhunderte später Hitler und Himmler. Es ist schwer, sich die Verbrechen der Nazis als möglich zu denken ohne diesen frühen Grund von sozialer und religiöser Geschichte. Keine andere religiöse Gruppe ist so grausam gegen die Juden gewesen wie die Christen. Die Muslime haben auch Juden als Minorität verfolgt und ermordet, auch mit religiösen Motiven als Vorwand, aber sie haben ihre Verbrechen nicht mit der Anklage des Gottesmordes legitimiert.

Die sozio-kulturellen Faktoren werden mit der Zeit in psychologische innere Faktoren bei sowohl Juden wie Nichtjuden verwandelt. „Warum sollten die Christen nicht glauben, dass die Juden alle ihre kostbaren Bewertungen herausfordern würden? Warum sollten sie nicht glauben, dass die Juden töten", all dies zeigt, welch komplizierten Wegen diese Mythen folgen. Chasseguet-Smirgel (1985) weist darauf hin, dass die Juden das Volk waren, das zum Unterschied zu den Nachbarvölkern, von Kinderopfern Abstand nahmen. Ab-

RAHAM war auf dem Weg, seinen Sohn Isak zu opfern, aber die historische Pointe ist, dass er es eben nicht getan hat. Er änderte sich und seit damals haben die Juden keine Menschen mehr geopfert. Dagegen haben andere Religionen fortgesetzt, dieses stellvertretende Leiden in Szene zu setzen, z.B. wenn Jesus für die Menschen geopfert wird. Das, was die Christen selbst tun, richten sie als Anklage gegen die Juden, unter dem Vorwand, dass die Juden in der Peripherie an dem Urteil gegen Jesus dabei waren. Das Resultat ist die Anklage, dass die Juden Christenkinder im Ritualmord töten.

Der Grund, dass die Juden keine Kinder opfern, hat nach CHASSEGUET-SMIRGEL noch einen anderen Hintergrund. Nachdem die Juden nicht die Vorstellung der Christen von einem ewigen Leben haben, wird die Zukunft von den Kindern abhängig sein. Im Judentum glaubt man auch nicht an die jungfräuliche Befruchtung, weshalb der Fortbestand des Geschlechtes überhaupt als wichtig aufgefasst wird. Männer und Frauen schaffen Kinder, die die Zukunft ausmachen, indem sie neue Kinder zeugen. Kinder zu töten, wäre Nein zur Zukunft zu sagen und von der Realität abzusehen, dass Männer und Frauen dazu notwendig sind neue Kinder zu schaffen.

Die Vorstellungen von Juden werden ein „Introjektum", ein inneres Szenario, das als ein Teil des kollektiven Bewusstseins akzeptiert wird.

Wenn es den Nazismus betrifft, hat man sich nachher oft gefragt, warum die Juden nicht mehr Widerstand organisiert haben. Zu einem Teil kann es mit ihrer mengenmäßigen Unterlegenheit erklärt werden, Mangel an Mitteln und innerer Organisation und anderen Schwierigkeiten, die bewirkten, dass sie dem organisierten Terror nicht entgegentreten konnten. Sie konnten sich auch schwer die Barbarei vorstellen, die sogenannte zivilisierte Länder entwickeln konnten – und Deutschland war die Heimat des Humanismus und der Kultur. Der Widerstand, der doch betrieben wurde, reichte nicht aus um die Verfolgungen zu stoppen. ARIETI fragt, ob die Geschichte auch mitspielt, nachdem die Juden gelernt hatten durch Erdulden von Erniedrigenden und grausamen Forderungen von der Umwelt zu überleben. Aber diesmal führte die Anpassung nicht zum Überleben, sondern zur Vernichtung.
Nun zu den noch mehr unverfälschten psychologischen Faktoren.

Macht

In den meisten Beschreibungen von Aggression gibt es ein Risiko zur Vereinfachung, wenn man nicht genügend klar die Ziele mit den verschiedenen Äußerungen der Aggression sieht. Es gibt ein ganzes Spektrum zwischen Raserei und Feindlichkeit mit wenigstens fünf Teilzielen, jedes für sich, oder in Kombination: sich zu verteidigen (oder die Angst zu eliminieren), anderen zu schaden, andere zu berauben, sich zu rächen und andere zu dominieren. Dieses letzte Ziel stimmt mit der Macht überein, jemand anderen oder seinen Willen zu manipulieren, zu kontrollieren, zu steuern, auszunützen oder zu zerschlagen.

Das Ziel der Macht braucht nicht sein zu schaden, aber zu dominieren. Auf diese Weise schadet man doch dem anderen in seiner Selbstständigkeit und Individualität. Im Gegensatz zu Hunger und Sexualität kann das Bedürfnis nach Macht unendlich und grenzenlos sein. Geld steht oft in dessen Dienst. Wenn Geld dazu da sein soll, Essen und Sex zu verschaffen, gibt es gewisse Grenzen für die Befriedigung, aber Geld kann auch Status, Prestige und Macht kaufen.

Das Minderwertigkeitsgefühl, das in dem Bedürfnis nach Macht ist, hat komplizierte Quellen. Eine solche ist, dass das Ideal und die Ambitionen immer Vorstellungen von Situationen geben können, die besser als die gegenwärtige ist. Auch wenn man sich des Unendlichen, Unsterblichen und des Größeren bewusst wird, kann man vielleicht die eigene Kleinheit und Begrenzung nicht akzeptieren. Man sucht verzweifelt Wege darüber hinweg zu kommen.

Ein solcher Weg ist durch die Religion das Unendliche nach dem Tod zu erreichen. Ein anderer ist, dass mein Leben weniger begrenzt wird wenn ich deine Freiheit nehme, wenn ich dich dazu bringe, für mich zu arbeiten, wenn du dich mir unterwirfst. Der Mensch entwickelt eine Vorstellung davon, dass er über seine Endlichkeit hinausreichen und mehr leben kann, indem man andere dazu bringt, weniger lebendig zu sein. Die Menschen scheinen die Begriffe Freiheit und individuelle Selbstständigkeit mit einer irrationellen Illusion von der Unendlichkeit zusammen zu mischen und darin begrenzt er die Freiheit anderer.

Durch die Geschichte haben die Menschen oft diesen Weg gewählt, die Freiheit anderer zu begrenzen statt ihre eigenen Möglichkeiten zu akzeptieren, während ihres eigenen begrenzten Lebens zu wachsen. Dieses Phänomen gehört zu dem Begriff „Neid“, bei dem wir schon gewesen sind. Diesen „bequemeren“ Weg zu bekommen, indem man vom anderen nimmt, wird noch durch die Angst vor dem anderen verstärkt. Wenn du ihn nicht dominierst, wird er dich dominieren. Das durchfließt das politische Handeln durch die Jahrhunderte, Macht zu bekommen, die Macht zu behalten und die Macht des Gegners zu besiegen. Wir erkennen die Auseinandersetzung von der Diskussion Brenmans über das Individuum, das andere hasst, weil er glaubt, dass sie wie er selbst sind.

Wenn die politische Macht unkontrolliert wird, meint Arieti dass sie selbstwachsend wird. Durch einen Lawineneffekt, bei dem der Gegner immer schwächer wird, glaubt sich der, der die Macht hat, immer im Recht zu sein, nachdem es niemand mehr wagt, ihn zu kritisieren. Damit wird die Macht noch mehr unkontrollierbar. Sie braucht auch nicht so offensichtlich ausgeübt werden, da sie potenziell wirkt.

Die Opfer wissen, dass die Macht Mittel hat, und damit unterwerfen sich die Opfer, um nicht noch mehr dominiert zu werden. Die Macht schafft auch eine künstliche Distanz zwischen den Machthabern und denen, die man der Macht beraubt hat. („Deutschland ist Hitler und Hitler ist Deutschland") bedeutet, dass die Macht überlegene Qualitäten bekommen hat.

Die Macht wird allmählich die Persönlichkeit der Untergebenen verändern. Die verschiedenen Grade der Macht durch aufgeklärten Despotismus, Polizeistaat, Sklaverei, Tyrannei führen zu einer inneren Veränderung, die Arieti Endokratie nennt.

Endokratie

Mit Endokratie ist eine Forderung gemeint, die in der Kindheit durch die Eltern, Erwachsenen oder Führer kommt und die eine befehlende Qualität hat. In der Kindheit kann die Forderung als eine gute Kraft aufgefasst werden, die das Kind ermahnt zu folgen und nützliche Sachen zu machen, auch wenn das Kind sie nicht versteht. Später im Leben wird das immer mehr negative Inhalte bekommen durch die Ausstrahlung, die der Führer dazu verwendet, die Untergebenen glauben zu machen, dass sie ihm folgen, nicht weil er es verlangt, sondern weil sie es selbst als das einzig Mögliche sehen. Nun ist es Deine Wahl! Es ist Dein eigener Wunsch, dieses Verbrechen für die Partei und für Dein Land zu begehen. Es ist Dein eigener Wunsch gewisse Menschen zu hassen, auch Juden.

Die Person, die auf Grund der Endokratie bestialische Verbrechen begeht ist nie ein Initiativnehmer sondern ein Mitläufer, einer, der unbewusst folgt.

Die Nazis verwenden offenbar sowohl Macht wie Endokratie um ihre sogenannte Endlösung des Judenproblems durchzuführen. Endokratie konnte sich unter dem Nationalsozialismus durch das Erbe vom preußischen Patriotismus entwickeln, wo man bereit war alles für das Vaterland zu tun.

Die vollständig „endokratisierte" Person fühlt keine oder nur minimale Schuld für das, was er unter endokratischem Befehl tut. Als Eichmann den monströsen Verbrechen zuhörte, deren er während der Gerichtsverhandlung angeklagt wurde, blieb er unbeweglich. Für ihn waren es nur leere Worte ohne richtigen Inhalt. Aber als er vom Richter aufgefordert wurde, aufzustehen, wenn er angesprochen wurde, kam er mit genierten Entschuldigungen, stotterte und errötete. (Grünberger) Darin fühlte er sich schuldig, nachdem er an Respekt gegenüber einem Vorgesetzten gefehlt hatte, was er gelernt hatte. Diese formalistische Moral kann dann mit monströsem Inhalt gefüllt werden, was der Ausüber nicht merkt.

Sadismus bei den Führern

Macht muss nicht aktiv ausgeübt werden um abschreckend wirken zu können, aber Hitler wollte nicht nur wie Caesar oder Napoleon dominieren; er wollte töten. Darin gibt es einen Sadismus, der scheinbar in seinem Privatleben zum Ausdruck kam und wahrscheinlich auch bei mehreren anderen Führern. Sadismus ist eine Perversion, bei der man Lust erlebt, indem man anderen Schmerz und Demütigung zufügt. Im Gegensatz zu dem Endokratieausüber ist sich der Sadist seiner Lust bewusst, die er erlebt, wenn er Sadismus ausübt oder anordnet.

Wir werden in der Fortsetzung näher auf dieses perverse Gedankensystem eingehen. Hier kann es reichen damit zu konstatieren, dass Hitler ernste sexuelle Probleme zu haben schien. Es gibt Dokumente darüber, dass er Schwierigkeiten mit Frauen hatte und dass er nie einen normalen sexuellen Akt zustande brachte. Er hatte außerdem die übrigen Faktoren zu seiner Verfügung, die in großer Skala das Ausüben des Sadismus ermöglichten.

Den Sadismus gibt es auch auf einem weniger dramatischen, mehr unbewusstem Niveau, als einen Wunsch, Schaden zuzufügen und wir werden darauf zurückkommen, was auch dahinter liegt, nachdem es für weitere Auseinandersetzungen gebraucht wird.

Alle diese fünf Faktoren bewirken auch ein Klima des Schweigens, wo der Widerstand erstickt und die Stille passiver Mitverbrecher des Bösen wird. Arieti schließt seinen Artikel mit einigen Sätzen ab, die ich hier frei übersetzt zitiere:

„Wir müssen sie einzeln bekämpfen. Eine Person soll kein Opfer werden müssen, wenn er seinem Glauben folgt, auch wenn er bereit ist, sich dafür zu opfern. Eine Person soll nicht dafür gehasst werden, dass er seinen Glauben behalten will oder dafür, was vor langer Zeit mit seinem Glauben zusammen gekoppelt wurde. Macht darf nicht unkontrolliert erlaubt sein. Überschuss an Endokratie soll man nicht erlauben, sich zu entwickeln und die Menschen zu blinden Untertanen zu reduzieren. Sadismus soll man verhindern oder so bald wie möglich behandeln. Kein Sadist soll je als politischer Führer zugelassen werden."(Arieti)

Durch ein Gedankenexperiment können wir nun prüfen, wie diese Faktoren für das mehr allgemeine Phänomen „rassistischer Verfolgung von fremden Menschen" gilt. Hier gibt es also nicht die Mythenbildung und Geschichte, die die Juden mit sich und gegen sich hatten. Auch nicht die kulturellen und historischen Bande, zwischen Juden und Christen, aber was dann?

Das Ausüben von autoritärer Macht als eine Art sich selbst „Lebensraum" zu geben, indem man von anderen nimmt, scheint auch in scheinbar harmlosen Fragen darüber zu liegen, was geschieht, wenn „zu viele" Einwanderer in ein Land kommen: „Was geschieht mit meiner Freiheit, wenn andere ihre bekommen? Nehmen sie von mir, so bin ich lieber derjenige, der von ihnen nimmt. Meine Kinder und die Zukunft meines Landes steht auf dem Spiel wenn Fremde kommen, die meinen Platz und meine Individualität nehmen."

Fragen, die soziale Bedeutung haben, wie Arbeit, Ausbildung, Wohnungen, bekommen einen abstrakten Inhalt. Statt dessen werden sie davon handeln, dass die Freiheit und Lebensqualität des einen auf Kosten des anderen verschafft werden muss, anstatt dass man eine Lösung findet, wo man einander hilft und komplettiert.

Das Phänomen Endokratie ist nicht auf das alte Preußen begrenzt. Sind wir nicht viele, die in dem guten Zweck erzogen wurden, gesetzestreue und ordentliche Bürger zu werden? Auch in Ländern heutzutage kann das Einschläge von Nicht-in-Frage-setzen mit endokratischen Zügen bekommen. Einwanderer auszuweisen, die man erst mit Drogen betäubt hat, sie jahrelang ängstlich in isolierten Flüchtlingslagern sitzen lassen oder ihre Kinder wegzunehmen, kann nicht unrecht sein, da es einen behördlichen Beschluss dahinter gibt. Der den Beschluss vollstreckt, hat ja nicht selbst die Initiative dazu ergriffen, sondern tut nur das, was er als das einzig Mögliche ansieht, obwohl er unbewusst eigentlich folgt.

Wenn die Hockeymannschaftsanhänger anfangen, miteinander zu raufen, identifizieren sie sich vielleicht „endokratisch" mit den gerade rempelnden Spielern, die sich über die foul rempelnden Eltern in ihrem Inneren legen. Sie empfinden keine Schuld darüber, dass der Gegner blutet, denn sie folgen nur den inneren selbstverständlichen Befehlen, die man als die eigenen konfliktfreien Wünsche auffasst. Das kritische Gewissen scheint nichts mit der Sache zu tun zu haben, denn es ist weggezaubert.

Sadistische politische Führer? Haben wir solche? Haben wir überhaupt Kontrolle darüber, welche Personen wir als politische Machthaber wählen? Und ist es nicht wichtig, dass gerade die, die sich mit Einwanderung befassen, großzügig und tolerant sind!

Reicht es mit eingeschlossenen politischen Partien als Start um politische Karriere zu machen? Es ist schwer, sich vorzustellen, wie die Einsicht von den Wählern auf eine andere Art sein könnte. In Demokratien haben wir vermutlich eine ganz gute Kontrolle darüber, wie die Politiker denken. Wenn die Extremrechten fremdenfeindliche Aussagen verbreiten oder antisemitische Rundfunkprogramme senden, dauert es, ehe jemand die „Wörterliste" erkennt, aber früher oder später pflegt eine Reaktion zu kommen. Aber ist sie ausreichend? Richtet sie sich gegen die Spitze des Eisberges, von dem wir es schwer haben den Rest zu sehen? Arietis Gesichtspunkt, kann man sagen, ist in dem Sinn sozialpsychologisch, dass er nicht erklärt, wie der individuelle Hass aussieht. Wir werden nun näher auf die Voraussetzungen für den individuellen

Hass eingehen und uns an die Diskussionen über die Quellen des frühen Hasses erinnern.

Das perverse System

Nun werde ich einem Gedankengang von JANINE CHASSEGUET-SMIRGELS Buch *„Creativity and Perversion"* (1985) folgen. Das Folgende sind meine Eindrücke und Gedanken darüber, was sie über den Zusammenhang von Perversionen mit Feindlichkeit sagt.

Die Frage, warum wir manchmal, und nur einige von uns, pervers werden, können wir uns besser stellen, warum wir *nicht* pervers werden? *Chasseguet-Smirgel* sieht die Perversion aus einem weiteren Aspekt, als eine „Dimension der menschlichen Psyche im Allgemeinen, einer Versuchung in uns, die alle berührt." (Perversion wird als das ganze psychosexuelle Verhalten definiert das abweichender Art folgt um sexuelle Lust zu erreichen.)

Auf ähnliche Art kann man von der feindlichen Versuchung, die es in uns allen gibt, ausgehen, die uns alle zu Fremdenhassern und Rassisten machen könnte. Warum werden das nicht alle?

So schreibt FREUD in einem Artikel von 1938 mit dem Titel *„Die Spaltung des Ichs im Verteidigungsprozess"*:

„Lasst uns nun annehmen, dass das Ich eines Kindes unter dem Druck eines kräftigen Triebverlangens an das es sich gewöhnt hat, zufrieden zu stellen und dass das Kind plötzlich von einem Erlebnis geschreckt wird, das es lehrt, dass die Fortsetzung dieser Zufriedenstellung in nahezu unerträgliche wirkliche Gefahr resultieren konnte. Es muss sich nun dazu entschließen, entweder die wirkliche Gefahr anzuerkennen, ihr Platz zu geben und der Triebbefriedigung zu entsagen oder die Realität zu verneinen und sich selbst davon zu überzeugen, dass es keinen Anlass zur Angst gibt, so dass es die Zufriedenstellung wiedergewinnen kann. Also gibt es einen Konflikt zwischen dem Verlangen vom Trieb und dem Verbot von der Wirklichkeit. Aber Faktum ist, dass das Kind keinen dieser Wege nimmt oder nimmt es eher beide auf einmal, was dasselbe bedeutet. Es antwortet auf den Konflikt mit zwei entgegengesetzten Reaktionen, die beide gültig und effektiv sind. Einerseits weist es die Realität mit Hilfe von gewissen Mechanismen ab und weigert sich, einige Verbote zu akzeptieren, andererseits erkennt es im selben Atemzug die Gefahr in der Realität, übernimmt die Angst vor der Gefahr als ein pathologisches Symptom und versucht danach, diese Angst loszuwerden. Man muss anerkennen, dass das eine sehr schlaue Lösung von Schwierigkeiten ist. Beide Parteien im Konflikt bekommen ihren Teil: man erlaubt dem Trieb, seine Befriedigung zu behalten und gibt der Realität den gebührenden Respekt.

Die beiden entgegengesetzten Reaktionen des Konfliktes bleiben als zentraler Punkt in der Splitterung des Ichs. Der ganze Prozess kommt uns so sonderbar vor, nachdem wir die synthetische Funktion der Ich-Prozesse für gegeben annehmen. Doch schlagen wir deutlich fehl darin. Die synthetische Funktion des Ichs ist zwar von so besonderem Gewicht, aber auch Opfer von besonderen Umständen und von einer Reihe von Störungen ausgesetzt." (FREUD, 3)

Die synthetische Funktion des Ichs bedeutet die Fähigkeit zu integrieren, d.h. Sachen und Dinge zusammenhängen zu lassen, widersprechende Forderungen als Konflikte zu erleben, ohne zwei parallele Systeme zu machen, die nicht miteinander Kontakt haben.

Der Grund dazu, dass es nicht alle tun, d.h. sich in zwei Teile spalten, ist, dass die meisten Wege eine Integration zu entwickeln finden, so dass sie zu einer konfliktgefüllten widerstrebenden Person zusammenhängen.

Das, was FREUD als eine spezielle Verantwortung beschreibt, die sich gegen gewisse Erlebnisse unter gewissen Umständen entwickeln. Alle brauchen sich nicht auf diese Weise zu splittern. Gerade bei Perversionen betont CHASSEGUET-SMIRGEL (sowie andere), dass es zwei grundlegende Unterschiede sind, die für das Kind unerträglich anzuerkennen sind: den Unterschied zwischen den Generationen (Eltern – Kinder, Ältere – Jüngere) und den Unterschied zwischen den Geschlechtern.

Das scheint unter anderem mit der widerspruchsvollen Art zusammen zu hängen, mit der die Umgebung dem Kind entgegenkommt. Zum Beispiel kann eine Mutter zu ihren Söhnen hinaufschauen aber auf ihre Männer hinunter, Väter können ihre Töchter verführen aber nicht ihre Frau. Das Kind kann die Auffassung bekommen, dass Erwachsene und Kinder gleich groß sind, dass Kinder dasselbe tun können wie ihre Eltern oder dass der sexuelle Akt unnötig ist, weil es geht, neue Generationen auf andere Art zu schaffen, wo das andere Geschlecht nicht gebraucht wird.

All das gibt es abgespalten in einem Teil der Persönlichkeit, auf ähnliche Weise wie FREUD sie beschrieb, während der andere Teil weiß, dass es auf diese Weise nicht geht.

Der Unterschied, die Verschiedenheit, wird für diese Personen eine Provokation, was deutlich von einem Vorsprecher der Perversionen, nämlich MARQUIS DE SADE illustriert wird. CHASSEGUET-SMIRGEL zeigt, wie er gerade alle Verschiedenheiten wegnehmen will, was wir in der Psychoanalyse die „genitale Wirklichkeit" nennen können und danach das menschliche Universum zu einer Mischung von allem reduziert, auf Art und Weise einer großen Abfallmühle, die alles zu gleichförmiger Abführung verwandelt. Nun sagt natürlich MARQUIS DE SADE das nicht, aber es ist eine plausible Deutung von dem, was er meint. Alle sollen gleich und auswechselbar sein. Nichts darf unmöglich sein (wie das andere Geschlecht zu werden) oder etwas, worauf man warten muss (größer zu werden). Gut und Böse sind gleich, ebenso Leben und Tod, Sexualität und Folter, Männer und Frauen, Erwachsene und Kinder. Zusammenmischung ist sein Motto. Gleich bedeutet aber nicht gleich viel wert, sondern eben auswechselbar, gleich, ohne wesentliche Unterschiede.

In diesem Abfalluniversum wird alles in einem großen Mühlendarm zu gleichen Partikeln kleingemahlen. Phantasierte Penis- und Vagina-Attrappen werden geschaffen, die wo auch immer sitzen können und die besser als die genitalen/natürlichen angesehen werden. Sie können überall und auf wem auch immer sitzen, nachdem es keine Unterschiede geben darf.

Die Idealisierung, d.h. Erscheinungen zu besseren oder überlegenen zu erhöhen, wird wichtig, eben um den Abfallsinhalt im Gedankensystem zu verbergen. Dieses ganze System erlebt man als überlegen dem konfliktgefüllten genitalen. Sowie der „über" und „unter" mit den paranoiden Verteidigungen als Folge.

Wenn alles gleich und austauschbar in diesem großen Darm ist, gibt es auch keine Unterschiede zwischen „vorher" und „nachher", nachdem es ja auch keine Geschichte gibt. CHASSEGUET-SMIRGEL zitiert eine Person, die sagt: „Ich kann nicht verstehen, warum die Juden so viel klagen. Sie hatten sechs Millionen Tote, aber die Russen hatten zwanzig Millionen!"

Alle Qualitäten, Unterschiede, Umstände werden in der Mühle gleichgemahlen um eine austauschbare Masse zu werden.

„Alle Beurteilungen einer Situation, die weder ‚warum' noch ‚wie' berücksichtigt, – die ein Geschehnis aus seinem Zusammenhang nimmt ohne es in dessen Perspektive zu setzen – scheint mir die perverse Gedankenart zu teilen, die ich zu beschreiben versuche. Das ist eine Art zu denken, die linear ist und historische Dimension vermisst." (CHASSEGUET-SMIRGEL)

Sie gibt auch Beispiele dafür, wie der Sprachforscher NOAM CHOMSKY „die Gesinnungsfreiheit" als seinen Grund behauptet, die zu verteidigen, die die Existenz der nazistischen Gaskammern verneinen und meint, dass CHOMSKY etwas Ähnliches tut. Die Worte „Freiheit der Gesinnung" werden von ihrem ursprünglichem Satz weggehoben, ungefähr wie Substanzen, die ihres Sinns in Perversionen beraubt wurden. Es ist die Ursache, die die Ideen bestimmt. Wenn die Ursache oder das Motiv verschwinden, beginnen die Ideen, Sachen, Worte und Wesen in der Luft zu schweben und „alles kann getan werden". Wir hatten eine ähnliche verwirrte Debatte in 1992 über FAURISSONS Recht seine „Ansichten" auszudrücken, dass es unter den Nazis keine Gaskammern gab.

Wenn wir uns nun zur Gruppe wenden, um zu sehen, wie das Ich sich dem Ideal in der alten, ersehnten Vereinigung nähert, wird noch eine Frage beantwortet werden können. Wie wir früher davon sprachen, ist es der Führer, der den Wunsch aktualisiert, das Ich mit dem Ideal und dessen Illusionen wiederzuvereinen. Auf dem Weg wird auch das Verbot des Gewissens auf dieselbe geschmeidige Art wie mit Alkohol aufgelöst. (In der Untergrundbahn und auf anderen öffentlichen Plätzen in Stockholm kann man oft betrunkene Personen fremdenfeindliche Vorträge halten hören.)

Der Führer vermittelt Ideologien, die uns glauben machen, dass das Unmögliche möglich ist. Führer dieser Art kann man mit den Eltern der Perversen vergleichen, die das Kind glauben machen, dass es unnötig wäre, aufzuwachsen und zu lernen, zu erwarten, dass man das Geschlecht nach Wunsch tauschen könnte oder welche Unterschiede auch immer mit Hilfe des phantasierten Zauberstabphallus aufzuheben.

Die Gruppe toleriert folgerichtig auch keinen wie immer gearteten Aufschub.

„Der Nazismus ist oft mit einer Religion verglichen worden, die Massenversammlungen mit einer römisch-katholischen Messe und Hitler mit einem höchsten Priester. Indessen hat der Kult, der gefeiert wird, eher eine Muttergöttin (Blut und Boden) als einen Vater als sein Objekt. In solchen Gruppen sehen wir eigentlich eine Ausradierung des Vaters und des väterlichen Universums, ebenso eine Verneinung von allen Äußerungen des Ödipuskomplexes. Im Fall des Nazismus zwingt die Rückkehr zur Natur, zur alten, germanischen Mythologie eine Sehnsucht nach Verschmelzung mit der allmächtigen Mutter aus." (Chasseguet- Smirgel)

Wieder einmal sehen wir, wie die Unterschiede der Ödipustriade (Mutter-Vater-Kind) und die integrationsfördernden Konflikte zum Vorteil einer Verschmelzung des Ichs und den Illusionen des Ideals ausradiert werden, wobei die allmächtige Mutter das höchstes Ziel ist. Alles was dem im Wege steht, muss zerstört werden und in die große Abfallmühle hinuntergemahlt werden. Mit dem „Universum des Vaters" meint Chasseguet-Smirgel eben diese triadische Welt von Unterschieden zwischen den Generationen und zwischen den Geschlechtern.

Nun sehen wir, dass Chasseguet-Smirgel schon den Schritt von den Perversionen zum Rassismus genommen hat. Das bedeutet natürlich nicht, dass perverse Personen Rassisten sind. Aber sie will auf die Gleichheiten oder Verwandtschaft im Gedankensystem hinweisen, auch wenn einzelne perverse Personen für oder gegen rassistische Systeme fungieren können, ebenso wie nicht-perverse Personen für oder gegen diese sein können.

Vor allem gilt ihre Diskussion etwas für die ausgesprochen perversen Personen, nämlich die allgemeine perverse Versuchung bei uns allen, die Komplikationen der Unterschiede zu ersetzen, die Forderungen auf Wachstum und Entwicklung enthalten mit dem Zerstören in der Abfallsmühle von Unterschieden, Ethik und Leben. Die Gaskammern waren ja das meist makabre und furchtbarste Beispiel dafür, wie Menschen mit verschiedenem Hintergrund,

Ursachen und Motiven in eine mörderische Mühle hineingetrieben wurden, wo es keine Rolle für die Mörder zu spielen schien, ob es lebende Menschen oder Rauch in einem Schornstein war.

Auf dem Niveau der Rassisten – oder „Hooligans" – können wir sehen, wie sie auf die perverse Art die „genitale" Organisation zerstören und statt dessen eine undifferenzierte Abfallsmasse zustande bringen wollen. Als deutsche Anhänger während der Fußball EM die Avenue in Göteborg entlang gingen, strömten sie plötzlich hinüber auf die andere Straßenseite, wo es Außencafés gibt. Die schlugen sie kaputt und verschreckten die Menschen mit ihrer Brutalität. War es Neid über das gute Caféleben, das bei den Jugendlichen geweckt wurde? Oder war es der Impuls, etwas zu zerstören, das sie als einen störenden Unterschied erlebten? Da sitzen einige und trinken Kaffee, während wir unsere Mannschaft anfeuern. Oder war es die Macht, etwas zu zerstören, das so ruhevoll und familiär aussah – die genitale Organisation?

Die jungen Anhänger schienen nicht darauf aus gewesen zu sein, die Kasse zu stehlen, wie „ehrliche" Räuber, sondern ihr Ziel schien die Zerstörung zu sein.

In der Masse kann sich jedes Individuum mit der Gänze der Gruppe identifizieren, die außerdem dazu einlädt sich den Illusionen zu nähern, dass alles – jetzt – möglich sei! Dieses neue allmächtige „Massen-Ich" kennt man von Massendemonstrationen, die man in den Diktaturen macht. (Ein Teil von den Ursachen kann auch die Angst davor sein, nicht teilzunehmen, die Sicherheitspolizei sieht alles, oder dass man zur Demonstration hinauskommendiert wird. Ein starker Grund für dieses Massenphänomenen ist vermutlich die Genugtuung über das neue Massen-Ich mit dessen Versprechen von der Verschmelzung mit der Illusion der allmächtigen Mutter und mit deren Zerstörung von allen Unterschieden in der Abfallsmühle.

Man kann sich der Illusion nicht nähern ohne das auszuprojizieren was stört, so dass das, was stört, das Ziel für die Projektion wird, es muss verfolgt und vernichtet werden. Jede neue Aktivierung der Illusion ist mit einem Blutbad verbunden – wenn die Gruppe äußere Mittel hat, ihre innere Gewalt auszuleben!

Die „Ungläubigen" wurden von den Kreuzfahrern auf ihrem Weg nach Jerusalem ermordet. Die unterschiedlichen Cafébesucher auf der Avenue in Göteborg mussten vernichtet werden, um die Illusionen der Hooligans nicht zu zerstören.

Nicht wie wir!

Das Profil des ausgesprochenen Antisemiten und Rassisten

Nunmehr hab ich mehrere Male das Komplexe, Vieldeutige und Verschiedenartige bei den Antisemiten als Gruppe betont. Angefangen von „einfachen" vorurteilsvollen Mitläufertendenzen bis zu dem massiven Ausleben von perversen Gedankensystemen gibt es ein weitgestrecktes Spektrum.

Wenn ich versuche, mir ein Profil über den Antisemiten zu machen, ist es von dem Gedanken, dass es den gemeinsamen Nenner doch gibt. Was jetzt folgt, geht von der *massiv und offen feindlichen Person aus, die nicht besonders viel äußeren Druck braucht, dass der Hass ausgelöst wird.* Doch kann es etwas davon in weniger ausgesprochener Form bei den Mitläufern geben, die einen größeren äußeren Druck brauchen.

Als eine Resonanz im Hintergrund brauchen wir die Debatte über den frühen Hass, das Verneinen menschlicher Bedürfnisse, des Neides und Widerstands gegen die Gänze der depressiven Position. Weiterhin brauchen wir die Gedanken über das perverse System, um die Beschreibung weniger statisch zu machen. Dazu können wir allmählich den Einfluss der Gruppe legen, worauf ich später kommen werde. Das Profil ist in seinen Grundzügen von Béla Grünberger, einem französischen Psychoanalytiker inspiriert.

Die Projektionen des Antisemiten kommen von einem mehr oder weniger abgesonderten Platz in seiner Psyche. Mit einer Persönlichkeit, die von viel Splitterung geprägt ist, fühlt man sich leicht von weiterem Zerfall bedroht.

Er lebt viel in einer Phantasiewelt, besonders den Kern in den Vorurteilen (Projektionen) betreffend und wird nahezu irritiert, wenn er zu viel mit der Wirklichkeit konfrontiert wird, die dann abgewiesen wird. (Vergleiche mit Faurisson, der nicht diskutieren will, oder mit Birgittas Burschen aus der Werkklasse, die sich nicht in ihren Vorurteilen davon stören lassen, dass sie Kollegen und Freunde von zwei Einwanderern sind.)

Den Antisemiten stören auch nicht die Widersprüche in den Anklagen gegen die Juden (Bolschewisten, Bankier, Imperialisten, Parasiten...). Die gesplitterte Persönlichkeit macht es leichter zu verstehen, wie er einmal ein sadistischer Verfolger der Juden sein kann und gleichzeitig vielleicht ein guter Mitbürger, Ehemann und Vater.

Sein Gewissen ist nicht mit verschiedenen Bewertungen identifiziert, sondern eher auf die „endokratische" Art mit Folgsamkeit. Moralische Prinzipien sind durch Formeln und Regeln ersetzt, ethische Bewertungen von Scheinmoral, wie Respekt vor der Macht.

Die Nazis konnten nach dem Krieg nicht verstehen, wie man sie anklagen konnte, sie hätten ja nur Ordern gehorcht. Nach ihren speziellen Gewissen waren sie ja unschuldig. Die Anklagen waren jenseits des Fassungsvermögens ihrer Gewissen zu verstehen (siehe das früher erwähnte Beispiel von EICHMANN).

Nachdem die antisemitischen Projektionen unter dem Druck eines primitiven Gewissens geformt werden, haben die verschiedenen Anklagen gegen die Juden einen primitiv triebmäßigen Charakter: Die Juden vergiften das Wasser (das vergiftete Essen der bösen Mutter), sie töten die Kinder im Ritualmord (Projektion von primitivem Zorn gegen die böse Mutter).

Der Antisemit behauptet stolz, dass er „den Geruch von Juden auf Meilen spüren könne", wo alles, was zur Sphäre von Schmutz, Betrug, Aggression und Geld (!) auf Juden geschoben wird und in paranoider Angst kulminiert. Die ganze triebmäßige „anale" Sphäre legt man auf die Juden.

Der Antisemit kann die Juden nicht als Menschen sehen, da sie das Ziel von Projektionen sind. Stattdessen muss eine jüdische Person als eine Nummer angesehen werden (wie in den Konzentrationslagern) oder als „der Jude" oder als einer, ganz ohne Namen.

Darin liegt auch die Schwierigkeit des Antisemiten, sich mit diesem Teil seiner Persönlichkeit in einen anderen Menschen einzuleben. Er hat es überhaupt schwer Konflikte auf gewöhnliche neurotische Art mit Ambivalenz, Symptom, Angstsignalen, die die meisten von uns erkennen, zu lösen. Stattdessen verlässt er sich ganz auf seine Projektionen, die als Abfluss und Ventil für die Persönlichkeit fungieren. Alles, was schlecht ist in der Persönlichkeit, ist nun auf einer Seite – beim Juden – und alles, was gut ist, auf der eigenen Seite.

GRÜNBERGER meint, dass die Antisemiten vor allem unter den „schwachen und abweichenden, den klagenden, den ratlosen und den unreifen Opfern für unerträgliche Wunden im Selbstgefühl" rekrutiert werden.

Man kann sich ein Bild von einem Menschen denken, der mit einem abgesonderten Teil von sich selbst auf eine siedende, kochende Art fungiert, wo der Hass ausleckt, als wäre es eine Reifenpanne. Der Rest der Persönlichkeit fungiert vielleicht relativ dicht, auch wenn dieser Teil nur scheinbar „neurotisch", in der Bedeutung konflikterlebend ist.

Es handelt sich nicht um eine psychotische Person, wo alles fragmentiert und von der Wirklichkeitsauflösung der Phantasiewelt geprägt ist. Es ist statt dessen eine Person, die mit Anstrengung ihren scheinbar wohl fungierenden Teil zusammenhält, unter der Voraussetzung, dass sie Projektionen in den abgesonderten pervers denkenden Teil auslecken kann. Die Person kann äußerlich einfach oder sophistisch, dürftig oder gebildet sein, aber emotionell gibt es wahrscheinlich eine grundlegende Dürftigkeit mit einem eingekapselten Hass, der in dem abgesonderten Teil ausgelebt werden muss.

Ich glaube, dass man so eine Person an seinen antisemitischen, rassistischen oder übrigen Varianten, wie sein Hass ausufert, erkennen kann. Jemand, der scheinbar nuanciert ist, aber plötzlich einen unverständlichen Hass gegen eine Erscheinung, Volksgruppe oder einzelne Person aus sich loslässt, ohne *Möglichkeit, sich nuancieren zu können.* Das bedeutet, dass es keinen Weg zurück zu dem pseudonormalen Teil der Persönlichkeit für den Hass gibt, so dass er nuanciert werden kann. Oder, gerade weil der übrige Teil der Persönlichkeit neurotische Konfliktmechanismen vermisst, kann die Nuancierung nicht geschehen, der Hass muss heraus, er kann nicht zurückgenommen werden.

All das gibt es als Normalphänomen bei Jugendlichen in ihrer Entwicklung, aber da kann man sich denken, dass das reifende Individuum über immer größere Teile der eigenen Persönlichkeit die Kontrolle erobert, wo das Ganze mehr und mehr umfasst wird. Auf dem Weg sind immer noch die ausdampfenden Projektionsteile übrig, aber sie dominieren immer weniger, können zurück gehen und von nuancierenden und versöhnenden Mechanismen behandelt werden.

Ausgedrückt auf eine andere Art ist es die schizo-paranoide Position, die in dem abgesonderten Teil des Hasses dominiert, während sie auf eine versteckte Art unter scheinbar normaler Oberfläche in der alltäglich fungierenden Persönlichkeit dominiert.

Wir haben uns auf diese Weise dem abgegrenzten „Psychopathie"-Begriff genähert, der in der Psychiatrie (Cullberg 1984) beschrieben wird:

1. Ich-Schwäche mit niederer Frustrationstoleranz und Schwierigkeiten Enttäuschungen, Zorn und Unrecht zu beherbergen und zu bearbeiten.
2. Tendenz dazu, psychische Spannung in Handlungen und Verhalten, d.h. mangelnde Hemmung auszuagieren.
3. Schlechtes soziales und interpersonelles Beziehungsvermögen.

Das sollte mit wenigstens einem Teil der offen handelnden Rassisten übereinstimmen können, die Grünberger die „unreifen Opfer für unerträgliche Wunden im Selbstgefühl" nennt. In dem psychopathischen Gewissen gibt es keine eigentlichen Schuldgefühle, aber manchmal eine streng formelle Normenentwicklung, entsprechend der endokratischen Gruppenfolgsamkeit. Einleben fehlt und wir können einen ähnlichen Hintergrund ahnen, so als wir das Aufkommen des frühen Hasses beschrieben mit dem Verneinen von menschlichen Bedürfnissen: autoritäre launische Vatergestalten oder gar keine, Muttergestalten, die Demütigung oder Verlassenheit zu Stande bringen. Jede Tendenz zu Weichheit muss als riskant abgewiesen werden und zu aggressivem Ausleben verwandelt, wo die Weichheit projiziert und angegriffen wird.

Wenn jemand mit Bereitschaft für Vorurteile von einem Juden reden hört, assoziiert er zu einer Person, die anders ist, die einen anderen Hintergrund hat, das heißt dass er an den *Unterschied* denkt. Schon dieser Unterschied, der auch Einwanderern oder Völkern von anderer Art gilt, kann Widerwillen provozieren, Neid (er glaubt gewiss, er sei etwas), paranoide Phantasien und Hass. Dazu legt man die komplizierte Identität beim Juden, zumindest kann sie als allzu kompliziert erlebt werden von jemand, der einfache Lösungen haben will. Der Jude hat eine gemischte Identität, Deutscher und Jude, vielleicht auch Einwanderer-Engländer-Jude.

Auf diese Weise unterscheidet sich der Jude von vielen anderen Einwanderern, die mehr oder weniger assimiliert werden und ihre alten Identitäten loslassen, während die Juden ihre alten behalten und die neuen schwedischen hinzufügen. Wenn der Jude außerdem *Mythen als Belastung* hat, fungiert er als Magnet auf Rassisten.

Mischungen mit beibehaltenen widerstrebenden Unterschieden zwischen den Ingredienzien ist wie ein rotes Tuch für jemand, der sich der schizoparanoiden Position und perversem Gedankensystem bedient um Integration zu vermeiden. Gemeinsam für das rassistische Gedankensystem ist nämlich die Vorstellung von Reinheit. Nachdem alle Unterschiede in einer analen Mühle von Schmutz zusammengemischt werden müssen, ist es äußerst wichtig, selbst für Reinheit zu wirken. Die Nazis waren besessen von Rassenreinheit, die als Verteidigung gegen die eigenen perversen Wünsche und Handlungen verwendet werden können. Wir können das überall in rassistischem Zusammenhang sehen: reine Franzosen, arische Reinheit, Furcht vor der Rassenmischung, die von den Einwanderern kommt („bald gibt es keine Kinder mit blauen Augen mehr in Norwegen").

Schließlich kommt die Neigung des Rassisten oder die Besessenheit von Macht und Überlegenheit dazu, die der sadomasochistischen Linie in dem perversen Gedankensystem folgt. Damit zieht auch eine Minoritätsgruppe wie die Juden das Interesse der Rassisten auf sich. Sie machen eine schwache Gruppe aus, eine Verschiedenheit, eine komplizierte Mischung von Identitäten, das heißt eine „unreine" Gruppe und eine Mythenbildung, wohin man die Bosheit verlegen kann.

Unter den Straßenkämpfen in Wien vor dem „Anschluss" schlugen sich nach Angaben die nazistischen Gruppen gegen die Sozialisten nur, wo sie zahlenmäßig überlegen waren, das heißt wenn die Überlegenheit von Anfang an sichergestellt war. Es scheint heute etwas Ähnliches zu sein, wenn Nazis Gräber schänden, die sich nicht verteidigen können oder Flüchtlingslager angreifen, wo es keine Verteidigungsbereitschaft gibt. Die Redefreiheit wird von den Nazis leicht als eine Einladung zu dieser Überlegenheit gedeutet, aber das Gesetz, das es schon über Hetze gegen Volksgruppen gibt, sollte man anwenden können um eine Gegenattacke gegen alle solche Vorstellungen von Überlegenheit zu richten. Leider verwendet man dieses Gesetz allzu zahnlos auf Grund der historisch unbewussten Tendenz zur Bagatellisierung, die bei klaren Verbrechen zwischen die Finger sieht. Wenn man die Rassisten öfter anklagte, würde wahrscheinlich einem großen Teil von ihnen die Luft ausgehen und damit die Überlegenheits-Vorstellungen des perversen Systems verschwinden machen.

Wer sind nun die Antisemiten oder Antisemitisten?

Das Bild ist kompliziert geworden, indem sie weniger eindeutig geworden sind. Ich habe den psychopathieähnlichen Persönlichkeiten mit paranoidem und perversem Gedankensystem Ausmaß gewidmet, aber es gibt auch andere, die die Menge Faktoren illustrieren, die beim Aufkommen von Antisemitismus zusammenspielen. Vielleicht kann ich doch eine Klarheit zustande bringen, trotz der Risiken für Vereinfachung, indem man eine geringe Menge Hauptgruppen behält.

1. *Offen, massiv feindliche Personen mit psychopathie-ähnlichen Zügen und perversen, schizo-paranoiden Gedankensystemen.*

Die würden einem Teil aus GRÜNBERGERS Gruppe, „die Schwachen und Ratlosen" entsprechen. Die würden auch mit den vordersten Gliedern der deutschen Nazis, Hitler, Himmler, Streicher, Heydrich, Mengele und übrige aus dieser Gruppe von wahrscheinlich früh schwer gestörten Personen mit pseudonormalen Zügen übereinstimmen. Die würden auch vermutlich mit einem großen Teil von Personen übereinstimmen, die heute von verschiedenen neonazistischen Gruppen rekrutiert werden. Die brauchen keinen besonders starken äußeren Druck um ihre Feindseligkeit auszulösen. Die brauchen auch nicht die Gegenwart von Juden um sich gegen sie zu richten. Die mythischen Eigenschaften der Juden passen, gerade in antisemitischer Richtung, als Auslösung von Feindlichkeiten.

Meine Absicht ist nicht, gerade diese Gruppe „krank zu erklären". Es ist uninteressant, ob man sie krank oder gesund nennt, nachdem meine Sicht davon ausgeht, dass wir alle sowohl krank wie gesund sind. Wir drücken unsere Persönlichkeit auf verschiedene Art aus und die „Krankheitsgrenze" wird von den im Augenblick vorherrschenden Bewertungen der Gesellschaft bestimmt werden. Wir sind alle mehr oder weniger charaktergestört.

Meine Absicht ist zu zeigen, dass diese Personen eine private Psychologie haben, die von ihnen Auslauf für den Hass in Handlung verlangen und dass sie gefährlich für sich selbst und in ihrem Vermögen andere mit sich zu ziehen sind. Sie können ihre Projektionen nicht zurücknehmen, denn da würden sie deprimiert werden von aller Bosheit und Leere, die sie bei sich selbst erleben müssten – darum müssen sie das rassistische Projekt weiter halten. IGRA (1988) betont, dass niemand freiwillig tief deprimiert werden will; man zieht lieber die Aufhetzung der Projektionen in der schizo-paranoiden Position vor.

Wir stoßen vielleicht auf diese Personen in Zeitungsartikeln, die wir bald von uns abschütteln. Wer brannte das Flüchtlingslager ab oder warum fand die Polizei Waffen und militärische Ausrüstung für einen ganzen Pluton in einer Wohnung? Oder der Mann, der wegen eines Bajonettmordes an einem Homosexuellen verurteilt wurde, und der schon vorher für mehrere Verbrechen verurteilt war. Er war seit langem Mitglied in einer rechten Extrempartei und ist heute führend in einem rassistischen Verband. Nach dem Journalisten STIEG LARSSON (persönliche Kommunikation), der sich lange mit Fragen um den Rechtsextremismus beschäftigt hat, gibt es an die hundert Beispiele für aktive Neufaschisten, die sich grober und pervertierter Verbrechen schuldig gemacht haben: Mord, Mordbrand*, grobe Misshandlung, Vergewaltigung u.s.w.

2. *Die intellektuelle Stoßtruppe.*

Unter der Nazizeit gab es, ebenso wie heutzutage, Personen, die die intellektuellen Wegbereiter für die physisch tätigen Antisemiten waren. Sie können „Geschichterevisionisten" sein, d.h. solche, die behaupten, dass es Gaskammern nie gegeben hätte. Sie können „den Nahen Osten debattieren". Sie können auch Sonderlinge sein, die alle rassistische Literatur verschlingen und der Einstellung einen Anschein von Wissenschaftlichkeit geben.

Sie können überhaupt die verschiedensten Verkleidungen anziehen, wie verschiedene inoffizielle pronazistische Ideologen es unter der Hitlerzeit taten. Sie können auch, wie heute, mehr oder weniger unbewusst über ihre Rolle als Wegbereiter, etablierte Fakten über Antisemitismus bezweifeln, Juden als Gruppe verdächtig machen, die Juden für die derzeitigen Nazis nennen, sich mit Rechtsextremisten in gewissen Fragen zu liieren, gleichzeitig wie sie sich als „Antifaschisten", „Antirassisten" oder „Radikale" sehen. Ob sie damit einen eigenen latenten Antisemitismus ausdrücken oder nicht ist schwer zu entscheiden, wenn sie sich in „schlechte Gesellschaft" aus einem eigenen Motiv mitziehen lassen.

---

* Mordbrenner (schwedisch mordbrännare) – Marodeure bzw. Brandstifter

Ich möchte unterstreichen, dass die Diskussionen über den Nahen Osten die Rolle einzelner Juden in verschiedenem Zusammenhang, die Geschichte des Zweiten Weltkrieges u.s.w. ganz legitime Themen für jeden sein müssen, der sie diskutieren will, aber das Phänomen mit Verkleidungen bedeutet, dass sich die „Wörterliste" in die legitime Diskussion einschleicht. In einem Satz nimmt man den Juden das Recht, ein eigenes Volk zu sein, in einem anderen macht man eine Generalisierung über den Charakter der Juden mit einem Bibelzitat als Unterlage, in einem dritten setzt man ein Fragezeichen um etablierte Fakten um die Vernichtung. Diese eingeschlichenen „Wörterlisten" können sehr wohl unbewusste Vorurteile oder Unbedachtsamkeiten sein, aber sie können auch bewusste, aber halbversteckte Arten sein, ihre antisemitischen Ansichten auszudrücken.

In den Versionen von extremrechten Rundfunksendungen sind sie jedoch grob und völlig offenbar. Die langen „Hörerbriefe" sind voll mit projiziertem Hass gegen Juden oder „jüdisches, das heimtückisch bedeutet", Abstandnehmen gegen Schmutz, Gift und Fäulnis, die natürlich mit Juden zusammen gekoppelt werden. Alles, was als dekadent betrachtet wird, ist jüdisch, wie Hollywoodfilme, Pornoindustrie, Drogenprobleme und Armut in der Welt. Die Debatte beginnt anscheinend logisch, aber schwemmt dann ganz ungehemmt und konfliktlos (komplikationsfrei) zu logisch unzusammenhängendem Auslauf und Abfluss von Hass über. Alle Begriffe werden durcheinander auf eine Weise verwendet, die typisch für die perverse Mischung ist, wo keine richtigen Unterschiede vorkommen dürfen. Dann projiziert man diese Mischung auf die Juden, um die Reinheit für sich selbst zu bewahren.

Die Texte und Aussprüche diese Rundfunksendungen haben einen magnetischen Effekt auf die erste Gruppe von offen agierenden Antisemiten, die von denen angezogen werden, die für sich reden können und sie als intellektuelle Stoßtruppe verwenden. Auf diese Weise entstehen Netzwerke und heimliche Verbindungen zwischen diesen zwei Gruppen, was man in dem europäischen Neonazismus von heute zwischen offen antisemitischen Organisationen und Stoßtruppen wie Robert Faurisson, David Irving, u. a. sehen kann.

3. Latente antisemitische Mitläufer.

Sie machen die große Gruppe von vage fremdenfeindlichen „gewöhnlichen" Menschen aus mit Vorstellungen, Vorurteilen und schlechten Kenntnissen. Das sind die, die ich in diesem Buch am meisten beschrieben habe und die die meisten von uns einschließen könnten. Wie würden wir handeln, wenn man uns auf die Probe stellte, einen Fremden zu verteidigen in einer für uns selbst ausgesetzten Situation?

Hier handelt es von der potenziellen Fremdenfeindlichkeit und dem Antisemitismus bei einem Menschen mit gewöhnlichem, anständigem Hintergrund. Hier gibt es auch den kleinen Teil von dem perversen Gedankensystem, der Versuchung zur schizo-paranoiden Haltung und aggressivem Ausleben, das wir alle tragen. Wir werden von ethischen Bewertungen geschützt, dem Vermögen zum Einleben und Nuancierung mit Hilfe der depressiven Position, aber mit genügend starkem äußerem Druck und genügend suggestiven vereinfachenden Führern können die latenten Vorurteile zur Handlung geweckt werden.

Ohne diesen Druck gibt es auch die Unkenntnis, die Unüberlegtheit und die Unbewusstheit, aber an die denken wir nicht. Sie können uns selbstverständlich sein bis wir mit einem In-Frage-stellen konfrontiert werden. Zu Strindbergs Zeit (CULLBERG, 1992) war es ganz natürlich, dass man an okkulte Phänomene glauben konnte. Man musste nicht abweichend sein oder deshalb für verrückt gehalten werden. Ebenso kann man in gewissen Kulturen einen „milden Antisemitismus" als etwas Selbstverständliches und Unschuldiges sehen bis es in Frage gestellt wird.

Kürzlich hörte ich dem kultivierten Musikradio zu. Erst wurde eine wild schwungvolle jüdische Kletzmermelodie gespielt. Der Programmansager sprach danach ungefähr so: „Wir hörten die Band Klezmatics, die Kletzmermusik spielte. Das ist eine Art Jiddischmusik und die Musik war eine Mischung von traditionellen Melodien, die etwas heißen, das ich nicht verstehe, aber das ist vielleicht nicht so wichtig. Lasst uns nun beruhigen, indem wir in die Kirche gehen". Dann wurde ein ruhiger und langsamer kirchlicher Choral gespielt.

Das Beispiel kann trivial wirken, überempfindlich oder hellhörig, aber warum erkundigte sich der Ansager nicht, was der Name der Melodie bedeutete, statt subtil davon Abstand zu nehmen, auf eine Art, wie man es sonst im Musikradio nicht tut? Da ist man gewöhnlich genau bei der Dokumentation, und warum soll man sich nach einer jüdischen Melodie gerade in der Kirche beruhigen?

Wenn ich der bagatellisierten Linie folge, sollte ich sagen: „Das ist ja nichts, kein Grund zur Aufregung, er meinte nichts Böses. Warum soll man überall nach latenten versteckten Bedeutungen suchen, es geschah einfach so, dass der Choral nach der Kletzmermelodie kam. Ein Produzent hatte die Reihenfolge so gemacht, der Ansager versuchte es zu verbinden..."

Wenn ich der hellhörigen Linie folge, kann ich sagen: „Das ist kein Zufall, dass er es gerade auf diese Weise verbindet oder dass der Produzent gerade diese Stücke nacheinander legt. Der Komiker HASSE ALFREDSON hat auf dasselbe Phänomen gezeigt, als er den bekannten Sketch machte: „Eben hörten wir ‚Alter Schwarzer' (ein Volkslied über ein Pferd) und nun zu einer anderen Schwarzen, nämlich Ella Fitzgerald, sie singt... ."

Nicht wie wir!

Zusammengenommen entstehen widersprechende Gefühle bei dem Hörer, wo die Bagatellisierung und die Hellhörigkeit in Konflikt miteinander kommen. Man kann sagen, dass es einem Konflikt entspricht zwischen dem manifestierten Äußeren (einer trivialen Äußerung) und der latenten Tiefe (einem möglichen Eisberg von startbereiten Vorurteilen, die aufsprudeln, sobald Gelegenheit geboten wird). Wenn wir damit rechnen, dass die Menschen latente innere, unbewusste Tiefen beherbergen, können wir nicht von der Hellhörigkeit absehen, auch wenn wir einer Menge Deutungen Platz geben müssen. Wir werden nun versuchen, eine ähnliche grobe Einteilung der übrigen Gruppen von Rassisten und Rassismen zu machen. Sie wird selbstverständlich Gruppen von Antisemiten oder Antisemitismen überdecken, nachdem ihre Überzeugungen auf ähnliche Grundelemente aufgebaut sind. Im Rassismus fehlen die religiösen, historischen und sozialen Aspekte, die den Antisemitismus auszeichnen, dagegen sind die Menschen in den beiden Gruppen persönlichkeitsmäßig vermutlich die selben.

1. *Offen feindliche Personen mit psychopathieähnlichen Zügen und perversen schizo-paranoiden Gedankensystemen.*

Diese Menschen brauchen eine fokussierte Volksgruppe, entsprechend den Juden, gegen die sie ihre Systeme richten. Ich stelle mir vor, dass es diese Gruppen immer noch in den Südstaaten von USA und in Südafrika gibt, wo sie durch die Gegenwart der schwarzen Bevölkerung Nahrung bekommen. Es gibt eine lange und entsetzliche Geschichte von bestialischem Sadismus gegen die schwarzen Bevölkerungsgruppen, bei denen diese Gruppen von Rassisten sicher eine wichtige Rolle gespielt haben.

2. *Die intellektuelle Stoßtruppe.*

Sie spielt vielleicht eine andere und geringere Rolle verglichen mit dem Antisemitismus, aber auch hier gibt es Menschen, die Rassentheorien entwickeln, die versuchen, einen legitimen Grund für Apartheid zu geben und die die aggressiv auslebenden Rassisten in der ersten Gruppe an sich ziehen und von ihnen angezogen werden.

3. *Latente rassistische Mitläufer.*

Die gibt es in jeder Kleinstadt, Großstadt, Provinzortschaft, die wir uns vorstellen können. Sie kriechen in Osteuropa hervor ans Licht, wenn sie über ihre Feindlichkeit gegen Flüchtlinge brummen. Sie bilden ein völkisches träges Hindernis gegen die Auflösung von Vorurteilen, sie nehmen passiv teil an den

Lynchungen in den amerikanischen Südstaaten. Mit einem fließenden Übergang berühren sie uns alle, wenn wir in einem moralisch-ethischen Dilemma landen, um einen Fremden oder eine ausgesetzte Person gegen Verfolgung zu verteidigen. Es ist leichter für uns „recht-denkende" Personen, davon Abstand zu nehmen, wenn wir von ihnen lesen oder hören oder sie im Film sehen, aber in der nächsten Situation befinden wir uns selbst da, mit der Gelegenheit, unsere ethische Haltung vor unserem Bruder oder unserer Schwester zu prüfen.

„Habe ich etwas mit der Sache zu tun? Kann ich nicht nur vorbeigehen, ohne mich einzumischen? Was geschieht mit mir, wenn ich mich einmische, das nächste Mal sind sie vielleicht hinter mir her? Sollten sich diese Leute nicht selbst verteidigen können? Nachdem sie verfolgt sind, haben sie sich wohl etwas zu schulden kommen lassen und da gibt es noch weniger Grund mich einzumischen!"

Wir verlassen nun diese individuellen Verhältnisse um auf die Umstände, den äußeren Druck einzugehen, die die potenziellen Mitläufer dazu bewegen können, sich mit den Rassisten zu vereinen.

Die Gruppe und die Masse – der äußere Druck

Freuds „Massenpsychologie und Ich-Analyse"

Obwohl Freud sein Buch *„Die Massenpsychologie und die Ich-Analyse"* 1921 schrieb, gibt es darin viele Gedanken, die immer noch aktuell sind, vor allem nachdem man in der Analyse von Gruppenverhalten oft von dem Einfluss des Unterbewusstseins absieht. Wir werden auch eine Reihe Verbindungen mit solchen Dingen entdecken, von denen schon vorher die Rede war.

In der zufälligen oder ständigen Gruppe erlebt das Individuum Bedingungen, wo es alle Hemmungen für seine unbewussten Triebimpulse abwirft. Die Gruppe ist impulsiv, veränderlich und leicht gereizt. Bezüglich der Umstände kann sich die Gruppe großzügig verhalten, grausam, heldenhaft oder feige, jedoch machen sich keine persönlichen Interessen oder auch nur Selbsterhaltung geltend. Nichts ist vorherbestimmt und nichts ist geduldig zielbewusst. Kein Aufschub zwischen Wunsch und Befriedigung wird geduldet. Das Gefühl von Unmöglichkeit verschwindet für das Individuum in der Gruppe.

Die Gruppe ist sehr leicht beeinflussbar, sie hat kein kritisches Vermögen das Unwahrscheinliche zu beurteilen. Dessen Bilder können nicht nach der Wirklichkeit beurteilt werden. Die Gefühle in der Gruppe sind deshalb auch einfach und übertrieben, so dass eine Gruppe keinen Zweifel oder Unsicherheit fühlen kann. Stattdessen geht man direkt zu Äußerlichkeiten; eine Spur von Antipathie entwickelt sich zu wütendem Hass.

Nachdem eine Gruppe nicht darüber zweifelt, was Wahrheit und Lüge ist, und sich seiner Stärke bewusst ist, ist sie sowohl intolerant als auch folgsam gegenüber Autoritäten. Sie respektiert Stärke und wird nur in geringem Grad von Freundlichkeit beeinflusst, die sie als eine Art Schwäche sieht. Was sie von ihren Helden verlangt ist Stärke oder sogar Gewalt. Im Grund ist die Gruppe auch konservativ, mit einem tiefen Widerwillen gegen Veränderung oder Entwicklung und einen vollständigen Gehorsam für Traditionen.

Die Gruppe ist auch zu großen Leistungen im Stande, wenn sie diesbezüglich durch Uneigennützigkeit und Gehorsam gegen ein Ideal beeinflusst wird. Aber auch hier ist es so, dass die Gruppe nie nach der Wahrheit strebt, sie will Illusionen haben und kommt nicht ohne diese aus. Was unwirklich ist, kommt immer vor dem wirklichem und die Gruppe hat es schwer, zwischen diesen beiden zu unterscheiden.

Freud diskutiert die Bindung zwischen den Mitgliedern in der Gruppe, sowohl in der zufälligen wie in der mehr ständigen Gruppe, wie der Kirche oder der Armee. Es muss außer, wie er meint, den rationellen auch gefühlsmäßige Bindungen geben. Er glaubt auch nicht, dass das Gefühl von Sicherheit in der Gruppe eine genügende Erklärung der Anziehungskraft der Gruppe ist. Jedes Individuum scheint gefühlsmäßig an den Führer (oder eine abstrakte Idee) und zu den anderen Individuen in der Gruppe gebunden zu sein.

Von der Psychoanalyse wissen wir, betont Freud, dass fast jede längere intime Beziehung zwischen zwei Personen einen Bodensatz von Abweisung, Feindlichkeit enthält, den man auf Grund von Verdrängung nicht merkt. Diese Ansätze kommen offener bei Streit zwischen den Eheleuten hervor und man bemerkt sie eher unverhohlen in Gruppen. Zwei nahe gelegene Städte sehen einander als Konkurrenten, zwei Fußballmannschaften (siehe das Kapitel: „Einheimische Mannschaft – Fremde Mannschaft") hetzen gegen einander, verwandte Leute stoßen einander ab. Wenn sich eine Gruppe gebildet hat, verschwindet die innere Intoleranz zufällig oder bleibend und die Individuen sehen aufeinander als wären sie gleich. Die Feindseligkeit wird wieder zu dem Verdrängten in der Gruppe verwiesen. (Wenn Spieler von verschiedene Mannschaften in die Ländermannschaft mitkommen, verdrängt man die Feindseligkeit wegen der neuen Gruppe.)

Schon in der Kindheit sehen wir, dass die zielgehemmten sexuellen Impulse, die nicht voll ausgelebt werden, zu einer fortgesetzten Bindung zu den Eltern führen. Bei dem erwachsenen Verlieben drängt man die Sexualität anfangs wegen der schwärmerischen Liebe fort. Wenn man die Sexualität von dieser „Zielhemmung" loslässt und befriedigt, wird die Bindung schwächer.

„Man kann den Grad des Verliebens nach dem Beitrag bemessen, den zielgehemmte ‚empfindliche' Triebäußerungen verglichen mit dem nur sinnlichen Verlangen geben." (Freud, 1.)

Die Tendenz, die den Gegenstand des Verliebens überschätzt, nennt man Idealisierung. Bei unglücklicher Liebe wird diese Überschätzung und Idealisierung in einer Bindung fortgesetzt nachdem die Liebe keine sexuelle Befriedigung bekommt.

Gleichzeitig mit dieser Hingabe für das „Objekt", hört das eigene, innere „Ich-Ideal" auf zu fungieren und dessen Funktionen werden vom Objekt übernommen. Verblendet aus Liebe kann man Verbrecher werden ohne es zu bereuen, nachdem das Gewissen, zusammen mit dem Ich-Ideal auch auf das Objekt gelegt wird. „Das Objekt ist an die Stelle des Ich-Ideals gestellt worden" (Freud, 1.).

Freud macht eine Analogie mit Hypnose und Suggestion. Er zeigt, wie man da, wie in der Gruppe, an den Hypnotiseur, durch zielgehemmte sexuelle Libido gebunden wird, genau wie in der ursprünglichen Gruppe – der Familie. Also von dem Verlieben über Hypnose zur Gruppe. Gerade die zielgehemmten sexuellen Neigungen führen zu langen Bindungen zwischen Menschen und lassen die Objekte, die anderen, oder den Führer das Ich-Ideal übernehmen.

Die Gruppe wird, unterschiedlich zum Individuum, öfter irrationell, intolerant und unlogischem Denken verfallen. Die Gruppe bekommt ein geringeres moralisches Niveau betreffend Normen und Verhalten, was eine Umwandlung des nun ersetzten Ich-Ideals in eine Art primitives Niveau andeutet. Etwas in der Bindung zwischen den Gruppenmitgliedern hindert den freien Gedanken und das Urteil der Individuen in der Gruppe. Die Gruppe scheint durch einen Rückgang zu einem primitiveren Niveau geprägt zu werden, teilweise erklärt dadurch, dass die „Ichs" der einzelnen Individuen von dem gemeinsamen Ich-Ideal gelähmt sind, tendierend zu dem Führer oder der gemeinsamen Idee.

Feindseligkeit und Neid müssen innerhalb der Gruppe verdrängt werden. Diesen Mechanismus gibt es dann auch in „höheren" gruppenfungierenden Gesellschaften als gegenseitige „Solidarität". Freud weist darauf hin, wie das soziale Gemüt auf einer Verwandlung der feindlichen Gefühle zu positiv betonten Bindungen in Form von Identifikationen baut. Diese Forderung auf Gleichheit gilt jedoch nicht dem Führer, der bei Freud der „Urvater" ist, das Ideal der Masse, der das Ich-Ideal der Individuen übernommen hat.

Die Gruppe hat also eine doppelte Bindung: Identifikation zwischen den Gruppenmitgliedern beruhend auf zielgehemmten Triebimpulsen und die Einsetzung des Objektes (Führer, Idee) an Stelle des Ich-Ideals.

Die Gruppe braucht auch einen Heldenmythos um die Bindung zum Führer und zwischen den Gruppenmitgliedern zu stärken. Die Lüge des heroischen Mythos erreicht ihren Höhepunkt, wenn man den Helden vergöttert.

Um die Bindung durch zielgehemmte sexuelle Impulse beizubehalten, verwendet man verschiedene Methoden. Die direkten sexuellen Impulse können nämlich die Gruppe splittern, da sie die individuelle Prägung (siehe das Gespräch mit Franz über den Unterschied von Jugendlichen in Gruppen und mit ihren Freundinnen). Die katholische Kirche empfiehlt den Gläubigen vor der Ehe keinen Sex und befiehlt ihren Priestern im Zölibat zu leben. Die Liebe zur Frau durchbricht „die Bindungen zu Gruppen, die sich auf Rasse, Nationalität und soziale Klassen gründet und damit kulturell bedeutende Resultate zustande bringt", meint Freud.

Und weiter: „... die homosexuelle Liebe ist viel mehr vereinbar mit den Bindungen, die innerhalb der Gruppe entstehen, auch in den Fällen, da sie als ungehemmte sexuelle Impulse auftreten" (Freud, 1.) – Soweit Freud.

Nicht wie wir!

Weiter vorne habe ich an den Abschnitt über die Fußballmannschaften erinnert, sowie mein Gespräch mit Franz. Man kann mehrere Gedankenverbindungen mit autoritären Bewegungen wie dem Nazismus finden, nicht zuletzt das, was Arieti in der Bedeutung der sadistischen Führer und der Endokratie betont, wo die Idee oder der Führer das Ich-Ideal der Gruppenmitglieder übernimmt und damit auch ihr Gewissen.

Ein anderes, aktuelles Beispiel dafür, wie diese unbewussten Mechanismen fungieren, fand ich in einem englischen Buch über Fußballhooligans. Ein amerikanischer Journalist, Bill Buford, hat über acht Jahre die Anhänger zu den Spielen begleitet, um ihr gewaltsames Leben zu verstehen.

Das Buch ist eine Reportage darüber, wie das Gedränge der Masse als etwas Lustvolles von dem erlebt werden kann, der freiwillig daran teilnimmt. Das Auslöschen des Ichs kann in der nächsten Situation ein exstatisches Gefühl von Zusammengehörigkeit werden. (Vielleicht ist es nicht einmal notwendig, dass es freiwillig ist, nachdem man weiß, dass die Volksmassen von den Behörden in Osteuropa, in Libyen, in China, u.s.w. zu Demonstrationen hinauskommandiert wurden, aber dennoch eine Spur von dieser lusterfüllten Teilhaftigkeit zeigten.)

Warum werden dann die Massen gewalttätig und warum nimmt die Gewalt so bestialisches Ausmaß an, fragt sich Buford.

Die Verwüstungen der Hooligans scheinen nur oberflächlich mit dem Sport zu tun zu haben, wenn überhaupt. Es spielt keine Rolle, ob die eigene Mannschaft gewinnt oder verliert. Statt dessen geht ein ständiger Krieg mit gewissen Waffenstillstand vor, falls die Polizei zu früh auftaucht.

Eine andere Beobachtung von Buford ist, dass fast alle von denen, die an dieser organisierten Gewalt teilnehmen, privat gewöhnliche freundliche Familienväter mit fester Anstellung und gutem Einkommen sind.

Der mürrische aber freundliche Harry, der für einen Tag Wirt eines Barbecuefestes für Freunde und Nachbarn in seinem Garten ist, bricht am nächsten Tag (Samstagnachmittag = Matchtag) in eine lokale Veranstaltung ein, zerschlägt die gesamte Einrichtung, um dann, als Krönung des Werkes, einen der Teilnehmer zu packen und mit einer einzigen Bewegung ihm buchstäblich ein Auge „auszusaugen“. Wenn die Polizei dann kommt und Harry arrestiert, sitzt er wieder ruhig und friedlich in einem Restaurant in der Nähe und isst zusammen mit seiner Frau gegrillte Hühnchen.

Buford meint, dass es sich absolut nicht um kompensierende Gewalt von gewöhnlichen, freundlichen Arbeiterburschen handelt, die in Thatchers England zuschlagen würden, vielmehr um eine Art Ritual.

„Die ganze Woche gehen wir und sehnen uns nach dem Samstag... Das ist der Sinn des Lebens für uns, gleichsam wie eine Religion, so wichtig ist es. Am Samstag feiern wir unseren Gottesdienst.“

Buford meint, es ist nicht so, dass sich einzelne Hooligans die Masse suchen. Die Masse schafft selbst ihre Gewalttätigen. Es gibt eine Grenze, die überschritten werden muss, ehe die Masse gewalttätig wird. Aber wenn „es los geht", werden alle moralischen Regeln außer Acht gelassen. Die Menschen liegen leblos auf den Straßen, aber es gibt keinen, der eine persönliche Verantwortung für diese Verbrechen trägt, denn die Masse hat keine Persönlichkeit, sie ist nur Körper: „Die Masse sind nie wir."

Buford meint, dass man die Masse psychologisch nicht verstehen kann, weil es keine „Ichs" darin gibt, die sich analysieren lassen. Gleichzeitig betont er, wie man die Handlungen durch die Verbindungen, die es zwischen dem Hooliganismus und „Nationale Front" und anderen offen rassistischen Organisationen gibt, legitimieren kann. Die Stehplatzplätze scheinen eine sehr wichtige Rekrutierungsbasis für diese Bewegungen zu sein.

Die Hooligans simulieren ein Abseitsstehen, sogar ein Ausscheidung aus der Gesellschaft, worunter sie im Alltag gar nicht leiden.

Buford macht wichtige Beobachtungen, aber ich zweifle an seinen Schlussfolgerungen. Dass es keine „Ichs" zu analysieren gibt, kann ja nur bedeuten, dass diese „Ichs" von der Masse verändert worden sind, vielleicht auf die Art, die Freud beschreibt. Ihr gewöhnliches Ich-Ideal ist von der Idee ersetzt worden, von „dem Ritus" und vielleicht sogar, aufgefangen von rassistischen Führern, stimuliert worden. Ihr Ich und Ich-Ideal sind nicht genügend getrennt, dass das Ich noch da sein soll, wenn das Ich-Ideal verschwindet. Also gibt es keine Individuen mehr zu analysieren unter dem Einfluss der Masse.

Dass Harry äußerlich ein gewöhnlicher Gastgeber soll, bezweifle ich stark. In seinem Inneren, glaube ich, dass Harry unbewusste hasserfüllte Kräfte hat, die ihn dazu bewegen, sich am Samstag so bestialisch zu bewegen und an der Gruppenregression in der Masse teilzunehmen, die die Gewalttätigen nicht schafft aber zulässt.

Buford betont, dass der gesellschaftstherapeutische Apparat glaubt, dass die Menschen zur Gewalt greifen, weil sie an irgend etwa „Mangel" leiden. Statt dessen meint er, dass die Gewalthandlungen in großen Massen darauf beruhen, dass die einzelnen Individuen meinen ein Recht darauf zu haben, Gewalt anzuwenden. Vielleicht, weil sie, wie Urban Vestin behauptet, zu viel traumatisch bedingte Gewalt in sich haben, die sie nicht fertig bringen, zu beherbergen und zu bearbeiten, statt dessen drücken sie es in Handlung aus.

„Der Mangel" kann ja auch ein emotionelles Chaos im Unterbewusstsein sein, wo der Hass und Neid im Alltag von einem pseudonormalen Persönlichkeitsfutteral in Schach gehalten wird, aber im Schutz der Masse losgelassen wird, wo das individuelle Verbot des Ich-Ideals aufhört zu gelten und die soziale Angst keinen Einfluss mehr auf ein Individuum ohne ein fest etabliertes inneres Gewissen hat.

Nicht wie wir!

Nicht alle Individuen in jeder Volksmasse machen diese Gruppenregression zu Gewalttaten durch. Die Individuen haben auch eine Bereitschaft zur Spaltung zwischen privat (Barbecue) und Gruppe, wie Franz es in der Jugendgruppe beschreibt. FREUD betont ja, dass die Bindung in der Gruppe von sexuellen (gefühlsmäßigen) Beziehungen zu Frauen bedroht werden. Diese Spaltungsbereitschaft hat man während des Aufwachsens vorbereitet. Es ist wert, wieder an FREUDS und seines Vorgängers LE BONS Beschreibung zu erinnern.

Die Gefühle in der Gruppe sind deshalb so einfach und übertrieben, so dass eine Gruppe keinen Zweifel oder Unsicherheit fühlen kann. Statt dessen geht man direkt zu Äußerlichkeiten; eine Spur von Antipathie entwickelt sich zu irrsinnigem Hass.

Nachdem eine Gruppe nicht darüber zweifelt, was Wahrheit oder Lüge ist, auch ihrer Stärke bewusst ist, ist sie gegen Autoritäten sowohl intolerant wie gehorsam. Sie respektiert Stärke und wird nur in geringem Grad von Freundlichkeit beeinflusst, die sie als eine Art Schwäche ansieht. Was sie von ihren Helden verlangt ist Stärke oder sogar Gewalttätigkeit. Im Grunde ist die Gruppe auch konservativ, mit einem tiefen Widerwillen gegen Veränderungen oder Entwicklung und einem vollständigen Gehorsam für Traditionen.

Jetzt können wir auch eine Hypothese anführen, die sowohl banal, unheimlich, wohlbekannt und unerhört entscheidend für ihre Folgen ist: Die Güte des Menschen oder seine Liebe sind zerbrechlich und schwer aufzubauen, während die Bosheit und der Hass des Menschen stabil und leicht zu wecken sind.

Statt sich zu fragen, wie die Menschen reagieren können, wie sie es in bestialischen Volksmassen tun, als Personal in Vernichtungslagern oder in fremdenfeindlichen Jugendbanden, kann man mit BUFORD die Bedeutung des demokratischen Schutznetzes als Versicherung gegen den Hass hervorheben. Genügend sichere Menschen in organisierten Gruppen mit demokratisch gewählten Führern (die keine Sadisten sind) begehen keine Gewalttaten. Es liegt also auf der Hand zu fragen, was man tun soll, damit Gewalt nicht entsteht, als die Frage, wie sie entsteht. Der Hass ist leicht geweckt. Ebenso wie der Fundamentalismus entsteht er schnell, wenn die Demokratie zerstört wird, dagegen ist es bedeutend schwerer, eine Demokratie aus der schwarzweißen Welt des Fundamentalismus aufzubauen. Die undemokratische Menschenanschauung ist de facto ein Symptom des Hasses.

„Fremdenfeindlichkeit beruht nicht auf Unkenntnis von anderen Kulturen, das ist eine sekundäre Rationalisierung einer im Grunde undemokratischen Menschenanschauung. Le Pen gehört zu den Franzosen mit den meisten Kenntnisse über Nordafrika, das hat ihn nicht gehindert eine rassistische Partei zu gründen." (Bel Habib)

Mit der Perspektive ist man auf seiner Hut gegen den aufflammenden Hass, erkennt seine Vorstadien (ehe „es losgeht“), wo man es noch unterdrücken kann. Man erkennt auch dessen „Wörterliste“ von hasserfüllten Beschimpfungen. Da braucht man sich nicht naiv zu wundern, wenn anscheinend nette Leute plötzlich ihren eingeschlossenen Hass aus ihrem Unbewusstsein hervorlassen, wenn sie, von sadistischen Führern stimuliert, zu einer unorganisierten Masse verwandelt werden. Der mürrische Harry mit seinem Barbecue hat äußerlich seine Freundlichkeit und glaubt vermutlich selbst, dass das sein wahres Ich ist, während die Verwandlung, die er in der Masse durchmacht, die Wahrheit von seinem Hass und von ihm selbst sind.

Jedes Mal wundern sich die Menschen darüber, wie anscheinend freundliche Leute die Verwandlung zu Monstern durchmachen, wenn man das Äußere mit dem chaotischen Inhalt mischt. Niklas Frank, der erwachsene Sohn des nazistischen Generalgouverneurs in Polen Hans Frank, hat in einem TV-Film mitgewirkt. Er betrachtet seinen Vater als kriminell, als einen Mörder und er scheint eine gute Arbeit damit zu leisten, zu erzählen und Abstand zu nehmen von dem, was er von der nazistischen Welt seines Vaters weiß, aber er findet keine Erklärung. Im TV-Programm *„Auf der Spur des Nazismus“* kommt er darauf, dass das schäbige Motiv des Vaters war, einen feinen Mercedes und elegante Uniformen zu bekommen, was ihn dazu trieb, ein hoher Nazi zu werden. Da hat der Sohn die Kindheit des Vaters verneint, den Sadismus, die Endokratie, die Auflösung des Ich-Ideals und die Bindung zu Hitler und den Nazismus.

Die Kombination von autoritärer Erziehung und undemokratischer Gesellschaftsanschauung ist lebensgefährlich! Die muss bekämpft werden, sobald man das früheste Zeichen davon sieht.

Nun zu Franz.

Franz

Mit Franz kam ich in Kontakt durch einen Bekannten, der wusste, dass er durch seine Arbeit viele Jugendliche traf. Er ist 21 Jahre alt und arbeitet als Freizeitleiter in einem Vorort von Stockholm. Er kennt viele Jugendliche in seiner Gegend und auch im zentralen Stockholm, Skinheads, Hip-hoper, Hardrocker und andere. Ich wollte wissen, wie er das Phänomen Rassismus sah, nachdem er eine nahe Perspektive hatte und antirassistisch engagiert war.

Ich bin auf einer Art Zwischenlinie zwischen Einwanderern und Skinheads und anderen fremdenfeindlichen Schweden aufgewachsen. Auf beiden Seiten habe ich Freunde. Gegen den Rassismus habe ich immer Stellung genommen, aber nicht gegen die Menschen. Die Jugendlichen, mit denen ich derzeit arbeite, haben oft rassistische Gedanken, vielleicht auch, weil wir ein Flüchtlingslager ganz in der Nähe haben.

War es selten in der Schule, dass man wie du in beiden Lagern Freunde hatte?

Nein, das glaube ich nicht. Es gibt viele oberflächliche Kontakte zwischen den Gruppen, aber ich hatte recht tiefe Beziehungen.

Wie kommt es, dass du eine Zwischenstellung einnehmen konntest?

Das weiß ich nicht, vielleicht weil ich sie nicht wegen ihrer Ansichten kritisierte... ich diskutierte ohne zu kritisieren. Es geht mir nicht so nah, dass ich zornig oder aufgeregt werde, wenn sie mich provozieren, ich weiß, dass es immer einen Grund für alle Gedanken und Anschauungen gibt. Das ist, was man akzeptieren muss, dann kann man selbst versuchen, die Anschauungen anderer zu verändern.

Wie konntest du die Anschauungen der rassistischen Jungen verstehen?

Am Anfang versteht man nicht, ich bin nur damit aufgewachsen, aber nach einer Weile beginnt man darüber nachzudenken. Es gibt so viel, was zu Grunde liegt, dass man Rassist wird. In unserer Gesellschaft gibt es viel Selbstverachtung. Es gibt die Diskussionen über die Nationalhymne und wir lernen sehr wenig über unsere eigene Kultur in der Schule. Solche Faktoren, glaube ich, bewirken, dass sich die Jugendlichen weniger wert fühlen...

... wenn Leute vom Ausland mit starkem Gefühl für die eigene Kultur kommen?

Genau. Die Jugendlichen fühlen vielleicht, dass hier etwas Stärkeres kommt, da schlägt man auf irgendeine Art zurück. Es wird leicht zu sagen: „Du Teufels Schwarzschädel, hinaus von hier!"

Es gibt wohl auch unterschiedlich hohes kulturelles Selbstwertgefühl unter den Menschen, beruhend darauf, wie die eigene Situation aussieht? Stimmt das?

Ja, freilich. Ich glaube, wenn man eine recht große Sicherheit hat, wo man lernen konnte, dass alle Menschen gleich viel wert sind, dann ist man vor allem nicht so ängstlich. Alles hat mit der Angst zu tun. Hat man keine Angst, kann man sich anderen Menschen nähern, neugierig sein, wie sie sind.

Aber dann kann es vielleicht doch so sein, dass man, trotzdem man gelernt hat, weniger von dem kulturellen Selbstgefühl hat? Hast du bemerkt, dass die, die es kulturell dürftiger mit Märchen, Büchern, Reisen, geistiger Stimulation usw. hatten, es mehr riskieren, Rassisten zu werden?

Ja, das glaube ich, viele von den Burschen und Mädeln, die rassistische Gedanken haben, haben wohl wenig davon zu Hause. Nicht davon, dass man aufs Land fährt und Mittsommer feiert, sondern wenn man in einem Biergarten sitzt und trinkt. Man sitzt nicht mit der Familie und isst Hering, man ist richtig in sich geschlossen, kommt nicht so viel hinaus und hat deshalb nichts gesehen.

So dann ist es sowohl wie viel man vom anderen gesehen hat und wie viel Selbstgefühl man von sich selbst hat?

Ja, ich glaube das braucht man mehr als Weihnachten. Dass man stolz darauf ist, was man hat, auf sich selbst, seine Freunde, sein Land. Das ist etwas, das schwer ist alleine aufzubauen.

Dann ist es logisch, dass es zu solchen Äußerungen wie Heldenkönige und der Flagge kommt.

Gewiss, man wird riesig extrem. Viele Jugendliche, die Karl XII. feiern, wissen gar nicht, wer er war, dass er in die Türkei floh etc.

Es gibt ja „gewöhnliche Leute" draußen im Land, die an Fremde nicht gewöhnt sind und ein schlechtes Selbstgefühl um das Eigene haben, mit denen man aber reden kann und dann gibt es die anderen, die sich definitiv mehr für rassistische Ansichten entschlossen haben, gegen die ist es schwerer zu argumentieren. Merkst du auch den Unterschied?

Definitiv, es gibt solche Menschen, unter anderen meinen guten Freund. Er ist eben in Krisenlage. Gerade in dem Fall handelt es sich um einen Kerl, der in den Augen der meisten der weichste und netteste von der Welt ist, verständnisvoll, aber er ändert sich radikal. Eine Weile ist es der Nazismus und das ist so falsch, denn im nächsten Moment sieht er vielleicht einen Film, wo viele Menschen unterdrückt werden und da packt ihn die Angst. Gleichzeitig ist er beeinflusst von einem Kollegen bei der Arbeit. Sie arbeiten in der City und treffen da mehrere von den Nazis. Einer von ihnen ist aktiver Extremrechter und man merkt, wie furchtbar er von ihm beeinflusst wird. Er kommt mit den sonderbarsten Dingen von dem Franzosen Faurrisson. Ganz wahnsinnige Ideen, zum Beispiel dass das Cyklon B in den Vernichtungslagern nur ein Gas gewesen wäre um Typhus zu bekämpfen. Wir können in enorme Diskussionen kommen und ich glaube, dass er in seinem Inneren weiß, dass er Unrecht hat.

Aber warum glaubst Du, dass gerade er so leicht davon beeinflusst wird?

Er hat es sehr schwer, sein eigenes Ich zu finden. Er war sehr unterdrückt als er jünger war und geriet in eine Menge Sachen, war auch in einem Erziehungsheim. Er hatte keine Sicherheit. Den größten Teil seiner Kindheit wohnte er bei seinem Vater, der, wie ich glaube, sehr dominant ist. Sagt er eine Sache, so ist es einfach so. Er bekam Anpassungsprobleme in der Schule, schlug Lehrer, etc. Nach dem Erziehungsheim wurde er richtig gut, ein völlig veränderter Mensch und nun hat er Arbeit, er hat auch ein neues Motorrad gekauft, Motorräder sind sein Hobby.

Aber er sucht sich in diesen extrem rechten Burschen?

Ich glaube, das ist die Jagd nach sich selbst. Wenn man wirklich so verzweifelt sucht, so nimmt man die extremen Varianten. Er sieht mich auch als Papa, er kommt zu mir, wenn er Probleme hat. Ich bin wie ein Extra-Papa für ihn gewesen, gleichzeitig wie ein Freund. Ich bin wohl der Einzige in seiner Umgebung, der ihm sagt, wenn er Unrecht hat. Oder ich sage: „Bravo Hans!“, wenn er etwas recht macht. Er kommt gern zu mir, die Leute sagen, dass ich der Einzige bin, auf den er hört.

Wenn wir einen Schritt weiter gehen zu extremen Jugendlichen, kennst du solche? Es scheint, als ob dein Freund hin und her schwankt.

Ja, er hat eine Freundin, sie ist Einwanderin. Er sagt ja einerseits, dass er nicht Rassist sein könnte, wenn es so ist. Er war bei einer Schlägerei mit Einwanderern dabei, die von den Massenmedien aufgeblasen wurde, obwohl es damals Einwanderer waren, die einen einzelnen Skinhead provoziert hatten und mein Freund sagte der Polizei, dass er kein Rassist wäre.

Ja, die Massenmedien haben ja ihr Interesse daran, Zeitungen zu verkaufen, aber du, was sind Skinheads für dich?

Ja, ich glaube, man sucht nach einer Persönlichkeit und man wird beeinflusst von anderen, die man interessant findet. Sie sind nicht nach Klassen eingeteilt sondern nach Umgang. Jede Gruppe, wie Skinheads, bauen aber ihre gemeinsamen Ansichten auf.

Aber wenn man sich in den Skinheads sucht, so weiß man wohl, wofür sie stehen?

Ich glaube nicht, dass ein einzelner Bursche sich so leicht anschließt.

Nein, das nicht, aber außer dem Umgang sucht man vielleicht doch einige, die etwas ausdrücken, worüber man einer Meinung ist.

Ja.

Und die Extremrechten sind wohl einen Schritt weiter gegangen als dein Freund. Sie haben sich entschlossen, dass es das ist, was gilt. Was kann das sein, das einen zwingt, diesen Schritt zu tun?

Ich glaube, es ist wieder Beeinflussung. Da ist man in einer extremen Gruppe und dann handelt es von Beeinflussung der Gruppe. Man spornt einander an, von Worten zur Handlung. Davon haben wir hier viele Beispiele gesehen, wie man Einwanderer attackiert.

Was ist das hier mit der Beeinflussung? Wozu braucht man die?

Das sind viele Faktoren. Unter anderem, dass die meisten in einer solchen Gruppe ein schlechtes Selbstwertgefühl haben. Man will stark sein, versuchen etwas zu tun; je extremer man ist, umso stärker wird man in der Gruppe. Der die Brandbombe wirft, findet selbst, dass er ein toller Kerl ist.

Da könnte ich raten, dass die, die in einer solchen Gruppe sind, das allerdürftigste kulturelle Selbstwertgefühl haben, oder die ausgesprochensten Probleme vom Heranwachsen. Sind es die Unsichersten, die das größte Bedürfnis haben, ihre Muskeln zu zeigen?

Ja, das glaube ich.

Sind Mädchen auch dabei?

Ja, sie werden extrem in ihren Ansichten beeinflusst.

Nicht wie wir!

Es ist schwer, sich ein inniges Verhältnis zwischen einem Mädchen und einem Jungen vorzustellen, und der Bursch bei nächster Gelegenheit auf einen anderen losschlägt.

Nein, das stimmt wohl nicht. Ich habe viele Beispiele von diesen beiden Seiten gesehen. Viele von diesen Burschen sind draußen mit der Gruppe furchtbar „heftig“ und tun extreme Dinge, verletzen alte Leute und Ähnliches. Wenn man dann mit ihnen zusammensitzt und Gefühle diskutiert, können sie einfach schmelzen und man glaubt, sie wären Mamas kleiner Bub. Viele haben eine schlechte Einstellung zu Frauen, aber man merkt es meist in der Gruppe.

Da gibt es schauerliche historische Parallelen, worüber man sich sehr gewundert hat. Die, die Menschen in den Lagern der Nazis ausgerottet haben, gingen nach Hause in ihre Dienstwohnung und feierten Weihnachten, streichelten die Kinder und sprachen liebevoll mit der Gattin. Es ist schwer mit gewöhnlicher Vernunft zu verstehen. Wie kann man auf diese Weise die Persönlichkeit wechseln? Warum sitzen diese Jungen nicht zusammen in ein- und derselben Person?

Ich glaube, dass man einfach zwei Persönlichkeiten hat.

Hast du mit jemandem darüber gesprochen? Hier sitzen wir und haben ein empfindsames Gespräch über Gefühle und bald darauf bist du draußen und legst Brände...

Nein, ich glaube, dass ich nie in einer derartigen Diskussion wäre.

Sprechen sie von sich selbst als zwei Persönlichkeiten?

Ich glaube, dass sie in gewissen Situationen daran denken. Viele sind sehr genau damit, zum Beispiel „ich halt mein Mädel nicht an der Hand, wenn es meine Freunde sehen“.

Wie in dem Film „Grease“, Travolta will seinen Freunden nicht zeigen, dass er das einfache Mädel gern hat und zarte Gefühle hat.

Genau, kein Weichling sein. Das Lustige ist, dass ich ihnen zeige, dass ich mit meinem Mädel bin, wenn ich sie treffe. Viele werden wohl nur neidisch, keiner wird mich je traktieren.

Wie verstehst du, dass du das kannst, aber sie nicht?

Wenn man in sich selbst stark ist – das bin ich wohl – und sich auf keine Weise niederschlagen lässt, so ist es ganz natürlich.

Wie hast du es selbst während des Heranwachsens gehabt?

Als ich jünger war hatte ich es auch schwer, mich selbst zu finden, ich war wohl recht böswillig. So mit fünfzehn hatte ich eine Krise, da war ich in einer starken Gruppe und wurde nicht gemobt.

Du warst in einer Krise?

Ich war ein Scheidungskind und habe viel darüber nachgedacht. Ich war nur ein Jahr alt, als meine Eltern sich trennten. Mit meinem Vater, der in einer anderen Stadt wohnt, hatte ich einen relativ guten Kontakt. Einige Jahre habe ich mit ihm in einem Entwicklungsland gewohnt, das hat viel mit meinen Anschauungen zu tun, ich war auch viel auf Reisen. Vorigen Sommer besuchte ich Verwandte in den Südstaaten von USA, zu mir waren sie reizend, aber sie spukten aus, sobald sie einen Neger sahen, die Polizisten sahen zu ohne einzugreifen, wenn die Weißen nach dem Rodeo mit ihren Lastautos mitten in die Gruppen von Schwarzen fuhren, das passte für mich nicht zusammen.

Aber wie du fünfzehn warst, wie du sagst... kannst du im Nachhinein etwas verstehen, das diese Krise für dich ausgelöst hat?

In dem Alter hat man Anschauungen ohne daran zu denken. Ein Freund hat mir erzählt, dass ich mit „Heil"-Gruß in der Schule herumging, aber ich erinnere mich nicht daran, habe es wohl verdrängt.

Wie oft trafst du deinen Vater, wenn er weiter weg wohnte?

Jedes zweite Wochenende sahen wir uns und mehrere Wochen in den Sommerferien. Wir fuhren auch zusammen ins Ausland, nur er und ich.

Hatte Deine Mutter einen anderen Mann?

Sie hat während der Jahre einige getroffen. Das ist faktisch recht interessant, dass, als ich in die fünfte ging und überall „Heil" grüßte, da war Mama – das trifft mich jetzt, hab nie daran gedacht – mit einem Polizisten zusammen! Ich glaube nicht, dass er Rassist war, aber er hatte eine ganze Wand mit nur nazistischen Büchern! Er hatte sie gewiss von seinem Vater geerbt. Ich erinnere mich, dass er plötzlich einen Stoß Bücher hervornehmen und sagen konnte, er würde sie verbrennen, er hasste den Nazismus! Er war ein alter Militär, eine Art Jäger. Sowohl dominierend wie freundlich auf viele Arten. Wenn ich die Zähne bürsten sollte, stand er daneben und schrie wie ein Offizier auf englisch: „Brush your teeth!“, halb im Spaß und im Ernst. Ich war wohl in einer Periode, wo ich mich weigerte Befehle anzunehmen oder dass jemand anderer bestimmen sollte. Mama kam mit mir nicht mehr zurecht. Ihn hatte ich ganz gern, aber am Ende ging es nicht mehr, denn er trank viel Schnaps. Inzwischen habe ich gehört, dass er nicht mehr trinkt, verheiratet ist und Kinder hat, aber damals konnte er in unsere Wohnung hineinstürzen und uns mit gezogener Pistole hinausjagen! Aber ich konnte ihn auch gut leiden. Er ließ mich Granatattrappen mit Eiern draußen auf dem Land werfen. Vielleicht hab ich meine Kampflust von damals, ich weiß es nicht. Ich erinnere mich, dass ich ein Abzeichen mit einem Adler und einem Hakenkreuz von ihm bekam, vermutlich etwas Richtiges vom Krieg.

Er muss gespalten gewesen sein, wenn er die Bücher sowohl hatte wie auch verbrennen wollte. Was geschah dann mit dir?

Dann war ich allgemein chaotisch, schwänzte die Schule etc. Mit dreizehn musste ich die Schule wechseln, das war auch nicht gut, aber da begann ich chilenische Freunde zu treffen, die in dieselbe Schule gingen.

Wann fingst du damit an, Mädchen zu treffen?

Meine erste Freundin hatte ich so mit elf, zwölf Jahren, ich weiß noch genau, wie es war.

Und das mit den Gefühlen zeigen vor der Gruppe, konntest du das am Anfang?

Nein, oder doch... Mit dreizehn war ich zusammen mit einem Mädel, wir saßen in den Pausen zusammen, gleichzeitig sagte man den Freunden, dass man nicht zu ihr nach Haus ging, die Freunde kämen zuerst. Bald darauf übersiedelten wir in ein Entwicklungsland. Wir waren dort zusammen mit zehn anderen schwedischen Familien. Später erfuhr ich, dass die anderen Jugendlichen mich am Anfang für kindisch und dumm hielten. Ich stiefelte hinein, setzte mich, rauchte und fühlte mich groß. Sie lachten mich aus. Als ich nach zwei Jahren wieder nach Hause kam, trauten sie hier nicht ihren Ohren, so verändert war ich. Meine alten Freunde kamen mir zwei Jahre hinter mir vor, ich fand sie kindisch, sie verstanden nichts. Viele nahmen Drogen, da fühlte ich, dass ich nicht einfach da stehen konnte, ich musste etwas tun, den Leuten helfen.

Welche Erfahrung im Ausland bewirkte dich so zu verändern?

Die Menschen da unten stimulierten mich. Alle waren offen und riesig nett, keine Tendenzen zu Drogen, Saufen, Schlägereien. Ich glaube kaum, dass ich ein einziges Mal betrunken war, es waren „geordnete Verhältnisse". Für mich galt es mit einem Mal sehr viel zu lernen. Mit meiner Mama hätte ich wie auch immer verfahren können, aber Papa setzte Grenzen, er verlangte nur, dass ich lernen sollte.

Das sind auch zwei Extreme: zu bummeln wie man will oder gezwungen zu sein zu tun, was der andere will. Aber du fandest etwas, das du brauchtest?

Ich glaube, ich brauchte, dass mich jemand zurechtwies. Er fand wohl selbst, dass es unangenehm war, dass er gezwungen war, es mir zu sagen.

Da nehme ich an, dass Ihr auch im Grunde ein Vertrauen zwischen Euch hattet?

Sowohl, als auch... Ich war es ja gewohnt, nicht zu folgen, so wurde ich sauer und trotzte, aber es löste sich.

Die Jahre im Ausland waren wesentlich für Dich, sonst hätte es für Dich auch anders und schlechter werden können?

Absolut, ich glaube nicht, dass ich heute hier bei dir sitzen würde, wenn ich zu Hause geblieben wäre.

Warum ich so viel über Väter frage, ist, dass man jetzt so viel über das Fehlen von guten Vätern im Zusammenhang mit der Entwicklung der Jugend zum Extremismus schreibt. Die Mütter haben ihre Bedeutung, aber speziell Jungs brauchen ja Männer, mit denen sie sich identifizieren können.

Ja, so ist es sicher. Ich habe nie das Gefühl gehabt, als suchte ich nach einem Vorbild.

Nein, aber dein Stiefvater kann es ja doch geworden sein.

Ja, beeinflusst auf eine Weise, aber ich hab es nie erlebt, dass ich einen suchte.

Eine andere Sache, an die ich jetzt denke, ist das Vermögen, Gutes und Böses zu einer Einheit zusammenführen zu können. Es klingt, als hätten die extre-

men Jugendlichen es schwer, ein Ganzes von sich selbst zu machen; sie teilen die Freunde auf die eine Seite und die Mädchen mit den Gefühlen auf die andere. Das Weiche und das Harte wird auseinander gehalten. War es erst nach der Reise, dass du dich selbst trautest, zärtliche Gefühle für Dein Mädchen vor den Freunden zu zeigen?

Ich glaub schon, ich fühlte mich älter, das spürten sie wohl auch und da war ich auch stärker in ihren Augen; da konnte ich die Gefühle offener zeigen.

Wie haben die eingeborenen Jugendlichen, die du im Ausland trafst, ihre Gefühle gezeigt?

Freche Gruppen gab es nicht, ich habe nichts dergleichen erlebt. Man lachte viel, blamierte einander etwas, aber nie mit einer Bosheit, wie es hier oft der Fall war. Alles war so natürlich, es gab so viele andere Probleme dort.

Vielleicht war die Familie und das Zusammenhalten dort von größerer Bedeutung? Die westliche Jugendkultur gibt es ja nicht in der ‚Dritten Welt', wo alle zur Versorgung und um die Familie weiter zu führen beitragen müssen? Hier bei uns haben die Jugendlichen eine eigene Welt, in die wir Erwachsenen wenig Einsicht haben.

Wir hatten definitiv mehr Umgang mit Erwachsenen da unten, die Feste und der Strand, alles war gemeinsam. Es gab ein paar Jugendfeste mit französischen und brasilianischen Jugendlichen, aber die waren selten.

Vielleicht sind unsere Jugendgruppen eigentlich von den Erwachsenen verlassen, auch wenn sie es nie zugeben würden? Der extrem rechte Junge, den dein Freund kennt, ist der erwachsen?

Erwachsen, das weiß ich nicht, er ist drei Jahre älter als ich. Gleichzeitig sagt mein Freund: „Das ist ja unglaublich, wie kindisch er ist".

Zum Schluss: Was meinst du, dass man tun soll?

Ich glaube an mehr Humanität in den Schulen, man ist dabei, sie mit der zunehmenden Rechtspolitik zu forcieren. Mehr Geschichtsunterricht vor allem. Jetzt ist es so, dass man mehr Unterrichtsstunden in Mathematik hat, basta. Wenn einer da sitzt und sich schlecht fühlt, müsste sich einer der Lehrer darum kümmern können. Mehr Engagement mit den Schülern.

Tomas Böhm

Soll man Unterricht über die Einwanderer haben?

Nein, das finde ich definitiv nicht, keinen solchen speziellen, dagegen besseren Geschichtsunterricht, mehr Hintergrund und mehr Kultur. Worum handelt es sich? Warum haben wir Weihnachtssterne? Mach einen Weihnachtsstern! Eine andere Pädagogik, in der die Kultur und die Geschichte lebendiger werden.

Soll man Einwanderer und Einheimische mischen, damit sie sich kennen lernen?

Definitiv. Verteilt die Einwanderer in der Schule und schafft eine Stimmung in der Schule, die bewirkt, dass man nicht in besonderen Gruppen zusammengezogen wird. Das tut man vielleicht auf jeden Fall, aber ohne das Gefühl der Furcht vor den anderen. Man soll stolz auf sein Land sein, denn die anderen sind auch stolz auf ihre Heimat.

Wenn ich dieses Gespräch später nachlese, trifft es mich, wie zentral es mit der Integration ist, sich zu einer Person zu bilden: Ich-wenn-ich-mit-der-Gruppe-bin, ich-wenn-ich-mit-der-Freundin-bin. Das integrative Ganze zieht sich wie ein roter Faden durch diese Diskussion über Hass, der zum Ausdruck kommt, wenn das Ganze nicht erreicht wird, sondern statt dessen eine schizo-paranoide Aufteilung wird in ich-der-hasst und ich-der-braucht. Mehrere andere Punkte tauchen auf im Gespräch mit Franz: Das Vermissen von Vätern und Erwachsenen in der Welt der Jungen, die Neigung, sich mit extremen Vorbildern zu identifizieren, das verzweifelte Suchen nach sich selbst, die Bedeutung davon, frühe Eindrücke von anderen Menschen und Kulturen zu bekommen, gute Erfahrungen von dem eigenen Land und der eigenen Kultur, so dass die nationalen Gefühle etwas werden, das man billigt statt als revanchistische Waffe gegen die, die anders sind, zu verwenden.

Vielleicht wird die Integration von verschiedenen Teilen eines „selbst" auch von der zusammenhaltenden Familie erleichtert oder wenigstens von den guten Kontakten mit Frauen und Männern, die womöglich gute Kontakte mit einander haben. Es ist leicht zu denken, dass das „vaterlose" Heranwachsen die Integration erschwert, nachdem das weiblich Weiche nie gleichzeitig mit dem männlich Hartem vorkommt. Stattdessen sucht man Vorbilder auf, Extremisten in der Welt der Musik und der Politik, die selbst gespalten sind, nicht integriert und die die Vorstellung des Ichs von dem Gespaltenen als dem einzig möglichen verstärken.

Die Welt gewisser Jugendlicher scheint so isoliert und dürftig zu sein wie eine Karikatur einer beschränkten Kleinstadt in Ostdeutschland, wo wir nun „Rassenkrawalle" gegen Flüchtlinge gesehen haben. Ohne Eindrücke von der übrigen Welt oder dem eigenen Erlebnis von etwas kulturell Wertvollem zu Hause entsteht keine Integration, und damit keine Fürsorge um andere.

Der koloniale Rassismus und der Folterer

SVEN LINDQVISTS Buch: *„Rottet jeden Teufel aus"* ist eine historisch ergründende Beweisführung über die Weite und Tiefe des westlichen Rassismus. Er untersucht vor allem den Kolonialismus in Afrika und die relativ unbekannten Massenmorde, die an der afrikanischen Bevölkerung verübt wurden. Mit dem Ausgangspunkt in JOSEPH CONRADS Roman: *„Das Herz der Dunkelheit"* zeigt LINDQVIST auf die albtraumähnliche rücksichtslose Ausrottung, die Briten, Belgier, Deutsche und Franzosen begingen. Es galt nicht nur Afrika, sondern auch den Indianer Latein- und Nordamerikas, Tasmaniern und Aborigines in Australien.

Als ideologische Unterstützung verwendeten sie Rassentheorien, die vor allem in der zweiten Hälfte des 19. Jahrhunderts entwickelt wurden. Unter anderen gab es DARWIN, der seinerseits eine Reihe Nachfolger hatte, die brutalere deterministische Deutungen entwickelten. Die schwächeren Rassen waren auf Grund ihrer Schwäche zum Untergang verurteilt, genau wie die Tiere der Urzeit untergegangen waren, als neue stärkere Rassen hervorkamen. Die höheren Rassen (die weißen Westländer) mussten den Platz der niederen Rassen einnehmen und die Ausrottung war ein gegebenes biologisches Faktum, das eher human gegen die aussterbenden Rassen war. Man sah ja selbst, wie sie ausstarben, auch wenn man davon absah, dass sie ermordet wurden oder in Umzäunungen ohne Essen verhungerten oder sich als Sklaven zu Tode plagten. Aber man sah nicht ganz davon ab, nachdem man gerade ihre Unterlegenheit als Beweis dafür nahm, dass sie zur Ausrottung verurteilt waren. Die sich ausrotten lassen, sind dazu verurteilt, ausgerottet zu werden, denn sie gehören zu einer niedrigeren Rasse, die sich nicht verteidigen kann und deshalb ist es richtig, sie auszurotten!

LINDQVIST nimmt nicht richtig die Frage auf, wie diese Theorien in den westlichen Sinnen gefestigt werden konnten, sondern geht davon aus, dass die kolonialen Interessen an sich genügend Grund dafür waren, ihre Handlungsweise mit Hilfe von Theorien anzuwenden und zu legitimieren. Er meint auch, dass wir alle wissen, dass es so gewesen ist, aber es nicht wissen wollen.

„Das sind wir, die es verdrängt haben. Wir wollen uns nicht erinnern, wir wollen, dass die Volksmorde mit dem Nazismus begannen und aufhörten. So ist es am Ruhigsten... Die Luft, die er (Hitler) und alle anderen Menschen in den Westländern atmeten, war durchtränkt von der Überzeugung, dass der Imperialismus ein biologisch notwendiger Prozess ist, der nach den Gesetzen der Natur zu der unvermeidlichen Vernichtung der niederen Rassen führt. Das war eine Überzeugung, die schon Millionen Menschen das Leben gekostet hatte, ehe Hitler ihr seine höchst persönliche Gebrauchsanweisung gab."

Das Wort „Konzentrationslager" selbst ist eine Illustration zu dieser Geschichte. Es wurde Ende des 19. Jahrhunderts von den Spaniern auf Kuba erfunden, von den Amerikanern angliziert, von den Engländern im Burenkrieg verwendet und von den Deutschen in der Nazizeit übernommen.

Auch der nationalsozialistische Begriff „Lebensraum" wurde aus den Rassentheorien entwickelt. Die höheren Rassen brauchten neue Gebiete und größeres Ausmaß um ihre biologisch rechtmäßige Übernahme der Welt durchführen zu können. Völker, die nicht das Schicksal der Dinosaurier teilen wollen, müssen ständig ihren Lebensraum erweitern. Territorale Expansion ist das sicherste, ja, im Grunde das einzige wirkliche Zeichen der Lebenskraft der Nation und der Rasse."

Lindqvist zeigt überzeugend, wie diese Geschichte als ein notwendiger (aber meiner Meinung nach nicht genügender) Vorgänger des Nazismus existierte. Denn die Frage bleibt, wie diese „Rassentheorien" entwickelt werden konnten. Waren sie ein Bestellungswerk für die Ideologen des Kolonialismus oder kamen sie aus eigener Kraft zustande, um dann von den Ausübern des Kolonialismus ausgenützt zu werden, die sich von denselben bösen Kräften im Morden bedienten, die die Theorien in den Köpfen der Forscher geschaffen hatten?

Für mich wird es schwer, Lindqvist zu folgen, wenn er zu dem Punkt kommt, wo er den Nazismus zu einer Fortsetzung des kolonialen Rassismus macht, auch wenn er sie als Hitlers „höchst persönliche Gebrauchsanweisung" bezeichnet. Die Debatte in den Massenmedien, die entstand, als Lindqvists Buch herauskam, blieb bei einem ähnlichen Punkt stecken. In dieser Debatte schien man sein Buch auch als Argument im Kampf zwischen den Rechten und den Linken zu verwenden, auf die „entweder – oder" -Weise, der ich so viel Ausmaß in diesem Buch gewidmet habe. Man hat behauptet, dass Lindqvist die Eigenart der nazistischen Vernichtung verneint oder davon abgesehen hat, als er ein neues Element in die westeuropäische rassistische Geschichte einführte; man wurde „für oder gegen Lindqvists Buch". Gewisse Diskussionsteilnehmer wirkten gekränkt, dass die europäische Geschichte durch Unbehaglichkeiten beschmutzt wurde.

Ich glaube, es ist wichtig zu versuchen zu integrieren was LINDQVIST zu sagen hat, auch wenn man gewisse Schlussfolgerungen in Frage stellen kann. Aber das Buch als ein „minderwertiges Produkt" abzutun, wird kaum ein konstruktiver Beitrag zum Verständnis des Rassismus und Nazismus werden. Statt dessen glaube ich, dass das Problem daran liegt, dass LINDQVIST in seinen Schlussfolgerungen von den psychologischen Faktoren absieht, was ein recht üblicher Fehltritt ist. Als eine Parallele kennt man WILHELM REICHS Kritik gegen die Analyse des Nazismus von den Marxisten. Er betonte, dass nicht sozioökonomische Theorien genüge, um den Nazismus zu verstehen. Man müsste auch verstehen, warum die Leute von Uniformen, Paraden, autoritären Führern, Versprechen von tausendjährigen Reichen und – der Herabsetzung gewisser Gruppen der Bevölkerung – gefangen wurden. Die Rassentheorien müssten in irgendetwas bei den Menschen hängen geblieben sein.

So schreibt LINDQVIST: „Als die deutschen Siege aufhörten, hörten auch die Gefangenentransporte auf. Die freie Ausrottungskapazität wurde dann dazu verwendet, wie man sagte, ‚den Bevölkerungsdruck zu erleichtern', indem man die Juden ermordete. ‚Entjudung' war eine Art, ‚überflüssige Esser' zu beseitigen und dadurch Gleichgewicht zwischen der Bevölkerung und dem Lebensmittelausmaß zu schaffen."

LINDQVIST scheint, dass die rassenbiologische Rhetorik der Nationalsozialisten die wirkliche Ideologie hinter ihrem fortgesetzten Morden war. Er meint in vier Punkten, dass die dahinter liegende Ursache mit der Rassenbiologie als legitimierenden Grund die imperialistische Expansion war.

Aber was gibt es für individuelle und gruppenpsychologische Kräfte hinter der imperialistischen Expansion, außer den soziopolitischen? Wie kann es kommen, dass, wie mehrere Forscher gezeigt haben, Hitler Mittel für die Ausrottung der Juden fand, die er in dem imperialistischen Krieg mehr gebraucht hätte?

Eine Antwort ist, dass LINDQVIST von den irrationellen und unbewussten Gründen zum Morden und dem Expansionismus absieht, den fremdenfeindlichen, machtgerichteten, paranoiden Ängsten, die in der Begegnung mit anderen Völkern geweckt werden, sowohl individuell als auch noch mehr in Gruppen. Wie LINDQVIST darauf hinweist waren es Westländer, die die Kanonen hatten, wie es die Nazis waren, die die Waffen hatten. Die, die ihren Hass und ihre Angst auslebten, brauchten eine Rassentheorie, die ihr Ausleben legitimierte. Gewisse wurden sicherlich auch so sehr gut damit fertig zu morden, während die mit etwas empfindlichem Gewissen eine gute Unterstützung in den Rassentheorien fanden. Wieder andere waren doch kritisch, wie CONRAD, und schrieben über das Morden als Morden! Wie erklärt man diese Unterschiede? Warum sind gewisse Menschen destruktiver als andere?

Tomas Böhm

Wie wir gesehen haben, scheint nicht eine entsetzliche Kindheit als Erklärung für die Mitwirkung der breiten Bevölkerungsgruppen in der Herabsetzung anderer Volksgruppen zu genügen. Wir sind versucht, wie die Fußballhooligans in England zu denken, auch wenn Buford anders denkt (auch wenn wir es nicht sicher wissen!). Wie wir auch gleich bezüglich der Folterer sehen werden, kann man auch annehmen, dass sie anfangs „gewöhnliche, nette Leute" waren. In einem komplizierten Netz kann also der gesellschaftliche Faktor, – der Imperialismus, die Zuschauermasse, die Diktatur – die in sich auch unter anderem auf individuelle und gruppenmäßige Faktoren baut, die Veranlassung sein oder zerstörende Kräfte des Einzelnen und der Gruppen zu erwecken, zu morden.

Lindqvist schreibt: „Die Absicht mit der Eroberung war nicht die Ermordung der Juden, ebensowenig wie es die Absicht der Amerikaner war, als sie nach dem Westen vordrängten, die Indianer zu morden. Die Absicht war, den eigenen Lebensraum zu erweitern. Die russischen Juden wohnten zufällig in den Gebieten, nach denen Hitler strebte."

Aber da sieht Lindqvist wieder von den irrationell unbewussten Momenten bei den Nazis ab, auch wenn er Recht haben kann bezüglich des Fehlens von primären Mordgelüsten bei den Amerikanern gegen die Indianer. Die Nazis wollten die Juden ermorden!

Man kann, meiner Meinung nach mit größerem Recht behaupten, dass die Rassentheorien dazu da waren, sowohl den Imperialismus wie das Verlangen, die Juden zu ermorden, zu legitimieren. Ebenso wie diese Theorien dazu da waren um die Kolonisierung Afrikas zu legitimieren und die schwarzen Einwohner Afrikas zu ermorden.

Wenn man über die individuelle schizo-paranoide Aufteilung in gut und böse springt, kann man nicht zufriedenstellend erklären, wie anscheinend nette Menschen andere in Massen ermorden, nur weil die imperialistische Expansion es verlangt und die Ideologie (die Rassentheorie) es zu legitimieren versucht. Man müsste auch einen Halt für diese Verlangen in der Persönlichkeit des Einzelnen oder der Mentalität der Gruppe bekommen und das bekommt man mit Hilfe der Bereitschaft für primitive Aufteilung, die keinen inneren psychologischen Schutz gegen das Ausleben der Bosheit bietet.

Die Rassentheorie ist an sich schon der Anfang zu so einer Aufteilung in höhere und niedrigere, bessere und schlechtere und sie fällt also mit der Tendenz des Menschen zusammen, der weiter diese Aufteilung machen will, weil die integrative Arbeit in der depressiven Position allzu schmerzhaft ist.

Nun werde ich einen Artikel (Lindbom-Jacobson) dagegen stellen, der eine Untersuchung von sechzehn griechischen ehemaligen Folterern während der Militärjunta referiert. Sie wurden genau interviewt und der Bericht wurde 1991 bei einem Kongress in London diskutiert. Diese Peiniger gingen durch ein fünf Monate dauerndes Training für Militärpolizisten, das mit grausamen Initiationsriten abgeschlossen wurde. Je härter diese waren, desto mehr wurden die neuen Rekruten von der Kameradengruppe blind abhängig. Nach weiteren drei Monaten grausamer Tortur von den Älteren konnten die Neuen gehorchen ohne in Frage zu stellen und brachten es fertig, mit allen Freund zu sein! Diese Methode scheint im Allgemeinen bei der Ausbildung von Elitesoldaten in verschiedenen Ländern zu gelten, auch wenn die lokalen Grausamkeiten variieren können!

In den Untersuchungen schien der Familienhintergrund bei der Ausbildung von Folterknechten keine größere Rolle gespielt zu haben. Manche hatten autoritäre Väter, aber wichtiger war das Alter, nachdem jüngere Personen einen stärkeren Wunsch hatten, zu einer Gruppe zu passen. Nichts durfte man in Frage stellen in dieser Welt von anderen Bewertungssystemen. (Vielleicht geschieht etwas Ähnliches in Fußballfanclubs, wo die Wertschätzung der eigenen Mannschaft nicht in Frage gestellt werden darf?) Man entwickelte einen eigenen Sprachgebrauch mit speziellen Namen für verschiedene erniedrigende Behandlungen. Man wurde belohnt für untertäniges Benehmen und hart bestraft für Ungehorsam. Durch Enthumanisierung brachte man eine Abindividualisierung zustande und damit eine neue Gruppenidentität.

Tatsächlich brachte man eine Ausbildung in faschistoiden Bewertungen und eine darausfolgende Umbildung der Persönlichkeit. Macht gab Recht. Die Menschen waren höher und niedriger, wertvoll oder wertlos, überlebenswert oder auszurotten, das heißt durch eine Aufteilung in Gut und Böse bekam man als Draufgabe rassistische Bewertungen, ohne über Rassismus mittels Rassentheorien unterrichten zu müssen.

Man kann sich fragen, was zuerst kam. Die griechische Junta eroberte die Macht durch einen Staatsstreich – und fing an, Folterer auszubilden. So wurden diese ein Ausdruck für die Bewertungen, die die Macht verteilen und sich dessen bedienen wollte. Die Junta kam zuerst. Sie waren Militärs und konnten die Macht mit Waffen ergreifen und dann ihre Bewertungen verbreiten. Die, die Folterer werden sollten, waren junge ergebene Soldaten, klar antikommunistisch und antiradikal; damit waren sie auch beeinflussbar von autoritärem Gehorsam und elitären Bewertungen, vielleicht vermissten sie auch den inneren Schutz. Solche junge Menschen wird es vielleicht immer geben, aber sie brauchen ja nicht unbedingt Folterer werden, wenn die Macht sie nicht dazu ausbilden will und wenn sie nicht empfänglich für diese Ausbildung sind. Aber in dem Fall werden sie verwendet, weil die faschistischen Bewertungen in ihnen Halt finden konnten. Die gewaltsame psychologische Beeinflussung in der Ausbildung kann man auch beschreiben als eine systematische Herabsetzung der Fürsorge um den anderen in der depressiven Position, über die integrative Bedeutung des Ganzen (wie in Pluralismen) und eine Aufwertung der schizo-paronoiden Position. Damit folgt auch, dass sie den Bedarf von anderen Menschen verneinten und dass die eigenen Gruppenillusionen aufblühten.

Eigentlich waren es keine sensationellen Haltpunkte, die bei diesen Personen attackiert wurden. Die Teilnehmer an dem Kongress meinten bei der Diskussion dieser Untersuchungen, dass „wir alle das Vermögen zur Gewalt seit der Kindheit in uns haben und dass Training von dem Typ, dem die Folterer ausgesetzt waren, durch regressive Prozesse die primitiven Aspekte bei der Person, die dem ausgesetzt werden, zu fesseln scheint..." (LINDBLOM-JAKOBSON).

Aber ich glaube, dass man annehmen kann, dass, je intensiver der Druck ist, dem ein Mensch ausgesetzt ist und je instabiler die depressive Position ist, desto leichter bekommen diese Bewertungen Halt. In diesem Halt gibt es die meisten dynamischen Mechanismen, die wir früher behandelten: den frühen Neid, das Verneinen menschlicher Bedürfnisse, den traumatisch bedingten Druck, zurück zu schlagen, die schwarz-weiße Aufteilung in Gut und Böse, die Idealisierung der Führergestalten, die Verachtung der Schwäche u.s.w.

Ich möchte diese Beschreibung der Folterausbildung gegen die LINDQVISTS von der Geschichte des westlichen Rassismus stellen, um den wichtigen Übergang zwischen Ideologie und Persönlichkeitsfaktoren zu betonen, der in seinen Schlussfolgerungen über den Nazismus als Fortsetzung der Ausrottungsgeschichte zu fehlen scheint. Die Ausrottung in Afrika geschah in weiter Entfernung von zu Hause, ohne Zeugen, mit verschönernden ideologischen Umschreibungen, wie militärischen Siegen, aber als die Berichte über die Grausamkeiten die Heimatländer erreichten, konnten sie diskutiert und an manchen Stellen gestoppt werden. In Nazi-Deutschland wussten alle, was geschah, die Ausrottung war systematisch, geschah zu Hause und im Nachbarland Polen und die Absicht war nicht nur, Land und Reichtum zu übernehmen, sondern Gruppen von Menschen zu töten, um sie zu vernichten. Da fungierten die Rassentheorien als „verschönende" Ideologie.

Aber das, was doch verlangt wird, ist eine Bereitschaft für die Folterausbildung (und danach diese Ausbildung zu suchen), für rassistische Handlungen, für Hooliganismus bei Fußballspielen und für Nazismus. Dieser individuelle Persönlichkeitsfaktor, der zu dem gruppenmäßigen und kulturellen gefügt werden muss, wirkt, sehr leicht davon abzusehen. BUFORD will ihn nicht sehen, wenn er behauptet, dass der nette Harry und seine Freunde gewöhnliche Durchschnittsbürger sind, deren Gewaltriten von der Gruppenstimmung auf der Zuschauerbank am Fußballplatz hervorgelockt werden. Der Kongress in London schien nicht sehen zu wollen, dass diese Folterrekruten spezielle Voraussetzungen hatten um für diese Ausbildung empfänglich zu sein. Auch SVEN LINQVIST untersucht nicht näher, warum JOSEPH CONRAD und andere gegen die Ausrottung reagieren konnten, während andere sie durchführen wollten. Es ist schwer diesen individuellen Faktor in den Griff zu bekommen, ebenso dessen Gegensatz, die Bereitschaft, gute Handlungen auszuführen, trotz eigener Lebensgefahr. Sollte ich mich an eine grobe Hypothese heranwagen, die doch viel Unterstützung in der psychoanalytischen Erfahrung hat, wäre sie folgendermaßen:

Die traumatischen und autoritären Erlebnisse in der Kindheit müssen nicht bewusste oder erreichbare für die Erinnerung des Erwachsenen sein. Es ist eine häufige Erfahrung, dass man diese Erfahrungen vergisst oder als Bagatelle fortrationalisiert. Aber sie sind doch da und wirken mit stiller Glut und Bereitschaft ausbrechen zu können, sobald der äußere Druck Gelegenheit bietet. Das Trauma muss „herausgedrückt werden". Der nette Harry ist kein „gewöhnlicher, netter" Kerl. Die Rekruten sind auch keine gewöhnlichen jungen Burschen mit Anschauungsprofilen. Leider sind sie (paradox genug) nicht so ungewöhnlich. Es sind die „gewöhnlichen netten Leute", die wohl seltener sind als wir glauben wollen. Harry und die Peiniger gehören eher zu der Gruppe „gewöhnliche schreckliche Menschen". Viele haben diese angesammelten traumatischen Erfahrungen in sich, die die Neigung für primitive Aufteilungen nach dem Muster der schizo-paranoiden Position verstärkt.

Die statt dessen guten Handlungen unter dem Risiko der eigenen Sicherheit auszuführen, oder sich weigern, an Massengewalt teilzunehmen und Rassismus zu bekämpfen, wie sehen die aus? Ich glaube, dass sie genügend gute frühe Erfahrungen von hoffentlich integrierten und gestärkten Erwachsenen mitbekommen haben, die ihnen halfen ein leuchtendes Ideal und ethische Bewertungen für sich selbst zu behalten. Dieses Ideal belohnt sie psychisch für die guten Handlungen und schützt sie davor, gegen andere auf eine Art vorzugehen, die ihnen schadet. Dagegen verbietet ihnen dieses Ideal oder Ober-Ich nicht, die bösen Gedanken zu haben, stattdessen werden sie bearbeitet, um nicht in Handlung über zu gehen.

Ich glaube, dass man von der traumatischen Gewalt absieht, der Kinder ausgesetzt werden, denn es kann subtil wirken, unsichtbar für Einsicht, hinter Fassaden von Freundlichkeit und Rauchschwaden von Idealisierungen. Eigentlich kann nur das Kind und der Erwachsene mit offenem Sinn die Möglichkeit haben, das zu sehen. Deshalb wirkt es etwas fehl an BUFORDS Schlussfolgerungen vom netten Harry, und den Diskussionen des Folterkongresses über den Hintergrund der Unmenschlichkeit. Harry kann man nicht fragen, auch nicht die Peiniger, wie sie es als Kinder gehabt haben und sich einen Einblick in ihre persönliche Angst schaffen. Sie würden sich herausreden, es verneinen und die Antwort bagatellisieren.

Die einzige Möglichkeit ist, ihnen in die Tiefe in einem langen psychotherapeutischen Prozess zu folgen. Das hat man mit anderen getan und den Verdacht bestätigt bekommen, dass es die traumatische Gewalt hinter der Fassade gibt. Da gibt es auch die eigenen entstellten Erinnerungen, Phantasien, die bewirken, dass man sich „falsch erinnert". Aber die mehr oder weniger subtile Gewalt gibt es immer, meine ich, wenn jemand als Erwachsener zu Gewalthandlungen neigt! Das war kein Zufall, dass nazistische Bewertungen einen festen Halt gerade in Deutschland finden konnten, mit den langjährigen preußischen autoritären Erziehungsmethoden, die dort praktiziert wurden. Heute wird in den Nachrichten von einem Forschungsrapport berichtet, der sagt, dass 80 Prozent der deutschen Eltern körperliche Züchtigung als ganz legitim in der Erziehung ansehen. Wir müssen uns also fragen, wie unser Erziehungstrauma heute aussieht, und das englische, und das französische, und das italienische...

Nationalismus und Vorurteile

Wenn der soziale Abstand zwischen den Menschen größer wird, vergrößert sich auch die potenzielle Bedrohung, die es immer unter der Oberfläche gibt, und triviale Faktoren können barbarische Gewalt auslösen. Der Gruppenantagonismus wird außerdem oft schon in früher Kindheit gegründet. (Wir werden auf den Antagonismus in anderen Zusammenhängen noch mehr eingehen.) Raman gibt folgende Charakteristik, was er Rassenkonflikte oder ethnische Konflikte nennt:

1. Sie können durch triviale, aber spezifischen Ursachen Gewalt auslösen.
2. Wenn die Gewalt angefangen hat, gibt es einen Schneeballeffekt, der schwer zu kontrollieren ist.
3. Die meisten, die der Gewalt ausgesetzt werden, sind unschuldige Opfer, in vielen Fällen Opfer von Racheaktionen. Man wählt dasselbe Alter und Geschlecht der gegnerischen Opfer wie der Opfer auf der eigenen Seite, die schon von den Antagonisten ermordet worden sind.
4. Der Konflikt entsteht in einem Land, in einer Stadt oder einem Dorf, unter Menschen, die jahrzehntelang friedlich zusammengelebt hatten.
5. Die Verbrechen sind grausam und primitiv; die Körper der Opfer werden oft geschändet.
6. Gerüchte verbreiten sich wie Feuer. Auch hochgebildete Menschen werden von den Gerüchten beeinflusst, werden misstrauisch gegenüber alten Freunden oder Menschen in anderen Ländern, vor denen sie vorher

Respekt hatten. Das führt auch dazu, dass man nicht mehr in Geschäften einkauft, wo man viele Jahre Kunde gewesen ist.
7. Der Konflikt resultiert in einer freiwilligen Ortsveränderung der Minoritäten, die versuchen, in andere Gebiete zu fliehen, wo ihre eigene Gruppe sich in der Majorität befindet.
8. Die Majorität derer, die während des ethnischen Konfliktes getötet werden, sind die, die den relativ am wenigsten privilegierten Gesellschaftsklassen angehören.

Raman referiert ein Interview mit einem Mann, der an der Lynchung eines schwarzen Mannes teilgenommen hatte. Als man ihn fragte, wie seine starke religiöse Überzeugung mit dem Mord übereinstimmen könnte, antwortete er: „Religion ist eine Sache und das Leben eine andere."

Ähnliche Interviews zeigen wieder, dass es möglich ist, zwei widersprüchliche Gedanken in sich zu haben, wie in getrennten Räumen. Eine solche Spaltung, wie das Beispiel mit dem Mann oben zeigt, bekommt Unterstützung von der inneren Rationalisierung (Fortverklärung) – es war richtig, den schwarzen Mann zu erschlagen, und solche Beschlüsse haben mit der Religion nichts zu tun. Beide brauchen also nicht in Konflikt miteinander zu geraten.

Hier folgt ein anderes Beispiel, das auch die getrennten Räume illustriert. In einer Stadt, wo Diskriminierung gegen schwarze Mitbürger vorkommt, beschlossen die Vorstände der Verwaltung, die Diskriminierung durch Aufklärung zu bekämpfen indem sie an die besseren Gefühle der Menschen appellierten. Auf einem Plakat im Zentrum der Stadt zeigte man eine Gruppe weißer Kinder, die fröhlich miteinander spielten, während ein schwarzes Kind ein wenig weiter fort stand und weinte. Als man nachher weiße Einwohner interviewte, waren alle der Ansicht, das schwarze Kind weinte, weil es gezwungen war, mit den weißen Kindern zu spielen und dass es falsch war, es dazu zu zwingen. Die, die Vorurteile haben deuten die Wirklichkeit so, dass sie zu ihren Vorurteilen passt.

Menschen scheinen sehr von der Unterstützung durch die eigene Gruppe für ihre Überzeugungen abhängig zu sein und geben leicht die Vorstellungen auf, die nicht mit denen der Gruppe übereinstimmen und die Mitgliedschaft in der Gruppe bedrohen.

Eine Psychoanalytikerin, Marta Henricson-Cullberg hat gemeinsam mit Konfliktforschern eine Studie der Verhältnisse im September 1991 in Jugoslawien gemacht und sie geht noch tiefer auf die speziellen Mechanismen ein, die ethnische Konflikte zu bezeichnen scheinen. Ich erkenne vieles von den früheren Abschnitten, aber die Perspektive geht nun weiter.

Ethnische Gruppen haben oft ein starkes Bedürfnis dafür, ihre Grenzen gegen physisches Eindringen zu verteidigen, um die psychologische Identität aufrechtzuerhalten. Grenzen bekommen da eine tiefere psychologische Bedeutung. Auf Grund aller früheren Streitigkeiten im Lauf der Geschichte, gibt es viel alten Hass, viel Unrecht zu rächen. Man richtet sich darauf ein, einen Schuldigen zu finden, statt eine Lösung zu erreichen.

Die Stärke wird in Waffenmacht gemessen und Alternativen sieht man als „schmutzige Kompromisse" an. Eine Verhandlungslösung zu finden gibt einem Politiker keine ehrenvolle Position. Hier sehen wir wieder, wie die Verachtung der Schwäche mit Angst vor der Abhängigkeit gekoppelt wird.

Im Namen des verletzten Selbstwertgefühls fokussiert man den Teil der Geschichte, der die Forderungen der eigenen Volksgruppe unterstützt. Nationalistische Großmachtprojekte, die darauf abzielen den Stolz und das Selbstgefühl der eigenen Gruppe wieder aufzurichten, florieren. Diese grandiosen Projekte (Milosevic: „Wo ein Serbe wohnt, ist Serbien") erfüllen auch die Funktion, eine expansionistische Politik zu legitimieren.

Alle Völkergruppen und Führer, die man in der Untersuchung interviewte, sehen sich selbst als Opfer! Man beißt sich also in Unrechten fest, um nicht sehen und eigene Verantwortung übernehmen zu müssen und zu möglichen Lösungen beizutragen.

Alle haben natürlich an dem alten Trauma zu tragen. Diese Traumata werden mit großer Kraft am Leben erhalten und nehmen neue Gestalt an. Alle Arten von Frustration schiebt man, auf die gewöhnliche schwarz-weiße Art, auf den Feind. Außerdem hat jede Gruppe ihr „chosen trauma" (gewähltes Trauma), was bedeutet, dass die Mitglieder in jeder Generation einen bewussten oder unbewussten Wunsch darüber teilen, das zu reparieren, was ihrer Identität geschadet hat. Das hängt auch damit zusammen, das die Umstände keinen Anlass gegeben haben, die traumatischen Erlebnisse, die ständig aufs Neue auftauchen, genügend lang zu betrauern.

Diese Opferidentität führt zu Schwierigkeiten, sich in die Leiden einer anderen Gruppe einzuleben. Wenn man nicht trauern durfte, lebte der Rachedurst weiter. Da kann man nicht Trauer oder Schmerz über die neuen Todesfälle und Schäden fühlen, die man anderen Gruppen zufügt.

Die Hasspropaganda macht zukünftige Lösungen noch schwerer erreichbar. Das, was in einem Propagandakrieg oder einem wirklichen zuerst getötet wird ist – wie gewöhnlich – die Wahrheit! Nachbarn, die jahrzehntelang Seite an Seite gelebt hatten, werden nun Feinde, weil der eine Serbe und der andere Kroate ist. Das paranoide Erlebnis nimmt zeitgleich mit der Auffassung zu, dass ein internationales oder religiöses Komplott hinter den Geschehnissen liegt. Die nationalen Führer benutzen es, um die expansionistischen Zwecke zu legitimieren und verweisen auf Konspirationen gegen sich und den Staat als Grund für ihre Aktionen.

Henricson-Cullberg erachtet folgende Faktoren als wichtig, um den Nationalismus zu verstehen, den man nun an mehreren Stellen in Osteuropa sich entwickeln sieht.

1. Die Geschichte – die Sehnsucht nach Freiheit ist stark in allen totalitären Regimen.
2. Ökonomische Unzufriedenheit ist ein fruchtbarer Boden für Ethnonationalismus, der einen „einfachen" Ausweg anbietet – mit katastrophalen Folgen.
3. Das Vakuum, das nach dem Kollaps des kommunistischen Systems entstand, wo man keine demokratische Tradition als Rückhalt hatte.
4. Ethnonationalismus spricht zu tiefen Persönlichkeitsschichten. Wenn die Identität in Frage gestellt wird, werden die Menschen extra empfänglich für identitätsstärkende Ideologien.

„Können wir in unserem persönlichen Leben nicht Stolz und Respekt empfinden, so wollen wir dieses Bedürfnis wenigstens mittels unserer Gruppe, unserem Volk, unserer Nation zufrieden stellen. Diesen Stolz wieder aufzurichten wird deshalb ein zentrales Projekt... „The degree of group narcissism is commensurate with the lack of real satisfaction in life". (Der Grad von Gruppennarzissmus stimmt überein mit dem Mangel an richtiger Zufriedenstellung im Leben, Fromm) – Feindbilder wachsen wie Pilze aus der Erde und jede Rationalität wird von der regressiven Kraft in diesem narzistischem Projekt fortgefegt. – „Alle Kroaten sind Ustachas", „Alle Serben sind auf die Gebiete der Kroaten aus". – Man macht den Feind „weniger menschlich" und verringert dadurch die Schuld, die auftauchen könnte, wenn du gezwungen wirst, deinen Mitmenschen zu töten, – in dem Fall einen anderen Jugoslawen.

Medien bauen eine Kriegspsychose auf, wo man die Wirklichkeit nicht mehr sehen kann, sondern in eine intensive Angst eingesponnen wird, Mitgefühl mit dem Leiden der eigenen Gruppe und einem intensiven Hass gegen den Feind. Man landet in einer schwarz-weißen Welt, wo der, der nicht für deine Sache ist, dagegen ist. (Henricson-Cullberg)

Was ist dann eine Nation? Eine historische Konstruktion, sagt der Ideehistoriker Ronny Ambjörnson in einem Diskussionsartikel. Er referiert u.a. an Benedict Anderson, der meint, dass Nationen „vorgestellte gedachte Gemeinschaften sind – imagined communities"... Als Vorstellung hat die Nation ihr gefühlsmäßiges Zentrum in einer heroisch aufgefassten Geschichte, die dem gemeinsamen Schicksal Kontinuität gibt... Nationen sollen deshalb nicht mit Ideologien verglichen werden, sondern mit anderen vorgestellten Gemeinschaften, in erster Hand die Religion... Der Nationalismus wächst gleichzeitig wie die Säkularisierung zunimmt, am Ende des 18. Jahrhunderts." (Ambjörnson)

Hier bekommt man die fast „religiöse" Dimension, von dem, was Henricson-Cullberg von Jugoslawien schildert, in den Griff, auch über die faschistisch-nationalistischen Bewegungen, die dem Nazismus gehörten (und von der dürftigen Kultur, in der unsere Jugendlichen aufwachsen). Was zuerst entsteht, scheinen die nationalen Gefühle zu sein, also vor der Entstehung der Nation. Diese Gefühle beruhen nicht auf Ethnologie, d.h., dass man demselben Volksschlag angehört, denn die decken sich oft geographisch, sowie Religion und Sprache. Stattdessen scheint es das Bewusstsein davon zu sein, einer stabilen politischen Einheit anzugehören. So ein Bewusstsein entstand unter Westeuropas Aristokratien schon im Mittelalter. Man versammelte sich um den König, betrieb sein Machtspiel, führte Kriege und bevölkerte wachsende Städte, eben in dem Gefühl dieser stabilen Einheit anzugehören. Die Schriftsprache wurde dadurch konstruiert, dass man die dominierenden Dialekte zusammenfügte, so entstand nach Ambjörnson eine textgebundene Gemeinschaft. Er betont, dass die Nation der nationalen Sprache vorangeht und nicht umgekehrt, wie man glauben könnte. Viele Länder waren anfangs mehrsprachig und legitimierten sich mit der Zeit indem sie eine gemeinsame Sprache schufen.

Es gibt also einen staatlich inspirierten Nationalismus, der mit dem mehr völkischen zusammengeht. Damit gibt es auch eine Befreiungsperspektive im Nationalismus, außer der gesperrten und aggressiven Seite Ambjörnson fragt sich, wie diese aggressive Variante aufkommt. „Was brachte die Demokraten in so gut wie allen progressiven Lagern dazu 1914 für einen Krieg zu stimmen?"

Die Antwort ist kompliziert und vieldeutig: Völkerversetzungen, soziale Unsicherheit und politische Unruhe macht, dass die Staatspatrioten die Nation zusammenhalten, indem sie auf äußere Feinde weisen. Wir erkennen das heute von Jugoslawien. Ethnische und sprachliche Barrieren werden als die zentralen Kriterien einer Nation hervorgehoben und führen zu Massenversetzungen, Grenzänderungen und Völkermord.

Man versucht die Drohung der Modernisierung und Urbanisierung durch Festhalten an Traditionen und den nationalen Symbolen zu überwinden.

„Der Staatspatriotismus und die völkische Sammlung um die nationalen Werte begegnen sich in einer gemeinsamen Front gegen das Fremde und das Veränderliche... Es ist erstaunlich leicht, Leute dazu zu bringen, ihre Leben für die nationale Idee aufzugeben... Das Phänomen scheint damit zusammen zu hängen, dass die Nation tiefere Schichten in unserer Persönlichkeit anspricht... Die Gemeinschaft, die die Ideologie anbot, war zu abstrakt, deren Charakter von Konstruktion zu offenbar – Wille und Absicht schienen durch. Stattdessen ist es die Nation, die als die natürliche Gemeinschaft dasteht, eher gefühlt als gedacht" (AMBJÖRNSON).

Welches sind nun wieder diese „tieferen Schichten in unserer Persönlichkeit?" Es muss sich um etwas sehr Privates handeln, etwas, das gegen primäre Angst schützt. Eine zusammenhaltende Kraft des Selbstwertgefühls gegen etwas, welches das Individuum ganz verlassen und schutzlos werden lässt. „Das Bewusstsein einer bleibenden politischen Einheit anzugehören" als Untertan in einer Aristokratie.

Für mich klingt es glaubhaft, dass es auf einer unbewussten Ebene dem idealisierten Bild entspricht, das das Kind von seinen Eltern hat und der Einheit, die diese als Schutz gegen grundlegende Angst vor Verlassenheit und Vernichtung ausmachen. AMBJÖRNSON schreibt, dass „... die Nation viel von ihrem emotionellen Inhalt gerade vom Tod und dessen fiktivem Gegensatz, der Unsterblichkeit, holt." Die Nation wird die Familie, auf die gleiche Weise wie das Kind hinter seinen Eltern Schutz sucht. Vielleicht entsprechen die Märtyrer der Nation, die Helden, die für ihr Land sterben, der familienromantischen Phantasie, die ausgesetzte Kinder haben können: „Wenn ich sterbe, werden sie mich schätzen und an mich denken". Die Kinder, die vermutlich als Erwachsene Nationalisten werden, scheinen oft diese Ausgesetztheit in autoritären Familien gefühlt zu haben. Die Nation soll nun die mächtige Beschützerin werden.

Manchmal hört man ein erwachsenes Paar ohne Kinder von „unserer Familie" sprechen. Sie meinen da rein sachlich sich selbst, denn es gibt keine anderen. Aber emotionell meinen sie vielleicht etwas Größeres und Abstraktes, zum Beispiel die Einheit zwischen den beiden, die als Schutz vor der Einsamkeit fungiert. Dieses Größere entspricht vielleicht den inneren Eltern, die als Schutz für das empfindliche Paar da sind. Auch bei Paaren mit Kindern fungiert die Tradition als ein Kettenglied zu den inneren Eltern, trotzdem diese Eltern nach den äußeren Realitäten vielleicht schon tot sind. Diese Tradition wird ein zusammenhaltender Kitt, der gegen Gefahren schützt.

Manchmal hört man auch, wie ein zukünftiger Bundeskanzler interviewt wird, welches Gefühl er hat, zu wissen, dass fast die Hälfte der Bevölkerung für einen anderen gestimmt hat. Der kluge Bundeskanzler pflegt zu antworten, dass er nicht nur der Vorsitzende seiner Partei, sondern auch der Repräsentant (Landesvater sagt man nunmehr selten offen) des ganzen Volkes sei. Er appelliert da an die nationalen Gefühle von Zusammenhalten auf die gleiche Weise wie ein Stiefvater sagen kann, wenn er und seine Kinder mit der neuen Frau und ihren Kindern zusammenziehen: „Nun bin ich nicht nur Vater meiner eigenen Kinder, sondern sehe mich als eine Art Vater von Euch allen."

Ambjörnson meint, dass wir einen Unterschied machen müssen zwischen Nationalismus und dem Gefühl für nationale Einheit und Identität (die nationalen Gefühle). „Der Nationalismus ist auf Handlung eingerichtet und begreift oft eine historische Perspektive in Vereinigung mit einem Zukunftsprogramm. Das Gefühl von nationaler Besonderheit und Einheit ist schwerer zu beschreiben: Eine Art Zusammengehörigkeit, die mehr mit Mentalität als mit Ideen zu tun hat." (Ambjörnson)

Die nationalen Gefühle haben weniger mit Geschichte, Königen und der heroischen Vergangenheit zu tun. Also weder mit Karl XII, oder der Fall Jugoslawiens mit mehreren hundert Jahren „Unrechten". Statt dessen hängen sie eher mit der Landschaft und Natur zusammen. „Wo die schwedischen Künstler und Verfasser früher eine heroische Vergangenheit huldigten, beginnen sie immer mehr die Landschaft anzurufen, das Licht der Sommernacht über den Seen, die Unendlichkeit der blauen Berge." Außerdem ist etwas in moderner Zeit hinzu gekommen, das wir als eine Wohlfahrtsgemeinschaft kennen, eine Art übergreifende Gleichheit, das Volksheim.

Es kann wert sein, an Kristevas Idee von der Übergangsnation mit starken Individuen (die die schwedische Natur schätzen), gefühlvollen Mitbürgern (die die Wohlfahrtsgemeinschaft verteidigen) und kraftvollen Kosmopoliten (die auf die internationale Solidarität setzen) festzuhalten. Die Übergangsnation hat mit den nationalen Gefühlen zu tun, steht aber in direktem Gegensatz zum Nationalismus mit seiner heroisierenden Vergangenheit und seinem handlungseingerichtetem Zukunftsprogramm.

Denn der Nationalismus mythologisiert und zementiert Gefühle, die auch Handlung werden und damit werden die Gefühle pervertiert und alle auf Hand lung eingerichteten primitiven Kräfte werden losgelassen, die eigentlich zu dem chaotischen Inneren des Menschen gehören. Was Raman als typisch für Rassismus und ethnische Konflikte beschreibt und ebenso Henricson-Cullberg in ihrer Analyse von Jugoslawien macht, scheinen gerade solche Pervertierungen von nationalen Gefühlen zu sein, die in Handlung übergegangen waren. Die Perversionen erkennt man daran, dass die unbewussten Triebe und Gefühle ausgelebt und idealisiert werden als die einzige und beste Wirklichkeit, statt als ein Teil des chaotischen Gefühlslebens bearbeitet zu werden.

Die Lynchhandlung der Südstaatsrassisten ist eine ausgelebte Angst vor dem Fremden, dem mythologisierten schwarzen Mann. Wenn man diese Angst eben als Angst bearbeitet, könnte der Rassist bald Gleichheit mit den anderen entdecken statt der mythischen Unterschiede. In den Gegensätzen Jugoslawiens müssten die aggressiven Handlungen auch zu den primitiven Ängsten zurückgeführt werden, die man auslebt statt sie zu bearbeiten. Die Politik gibt keinen Platz, sich durch die traumatischen Erlebnisse zu trauern, betont Henricson-Cullberg. Für den Antisemiten, was wir schon beschrieben haben, würde der Jude ein Mensch von Fleisch und Blut werden, ein Mitmensch, dem er in der Wirklichkeit begegnen könnte, mit ihm konfrontiert werden, statt zu einer bösen Metapher werden.

„Juden sind keine Metaphern – nicht für Poeten, nicht für Verfasser, nicht für Theologen, nicht für Mörder, und nie für Antisemiten!" Mit dieser Zusammenfassung der amerikanisch-jüdischen Verfasserin CYNTHIA OZICK schließt JACKIE JAKUBOWSKI einen Leitartikel in der Zeitschrift *Jüdische Chronik* ab. Da beschreibt er eben das entstellte Bild, das die nationalistisch verblendeten Menschen mehr oder weniger unbewusst malen, wo Juden Symbole und Metaphern für böse oder stereotype Eigenschaften werden.

Aber wie bringt man das zustande, die chaotischen Gefühle zu psychologischer Bearbeitung zurückzuführen, um zu verhindern, dass sie ebenso mörderisch ausgelebt werden, wie sie im inneren Gefühlsleben erlebt werden können? Man kann ja kaum den Nationalisten klar machen, dass sie ihre Botschaft mit ihrem alten inneren Bedürfnis von der Sicherheit in einer Familie verwechseln, in der sie sich nie sicher gefühlt haben. Sie würden höhnisch lachen.

Vielleicht ist die Demokratie die beste übergreifende mentale Sphäre dagegen unsere primitiven Gefühle auszuleben. Die Demokratie fungiert als ein Hindernis oder eine Bremse, wenn heftige Gefühle danach streben, sich auszuleben. Wir müssen darüber abstimmen, untersuchen und nachdenken, was am Besten ist und was die meisten in einer schwierigen Wahlsituation am Besten finden. Da begünstigt man die Bearbeitung des inneren Lebens statt der impulsiven Handlungen. Man erlebt die Situation im besten Fall so kompliziert wie sie faktisch ist und einfache Lösungen, die das Ausleben bezeichnen, können vermieden werden.

Das verlangt aber gleichzeitig eine Form von übergreifender Gleichberechtigung mit gleichem Zugang zu den Ressourcen der Gesellschaft. Sonst wird die Demokratie eine Art die notwendigen Veränderungen zu verhindern. Die übergreifende Gleichberechtigung bildet auch eine Sperre gegen die primitiven Gefühle, die man sonst auf Grund von materieller oder gefühlsmäßiger Unsicherheit ausleben könnte. Die nationalen Gefühle kann man eben als Gefühle genießen, wenn sie nicht den Übergang zu Handlungen verlangen. Die Familie kann man als Ressource genießen, wenn sie allen die Möglichkeit zu Entwicklung und Zufriedenstellung gibt. Wenn man aber die Familie als ein Gefängnis erlebt, können die mörderischen Kräfte und der Hunger nach Liebe, den wir alle in uns haben, die Grenzen sprengen. Das geschieht in der Familie oder, falls deren Gefängnismauern zu hoch sind, in größeren Gruppen als die Nation.

Tomas Böhm

Die Natur kann man genießen, ebenso die Wohlfahrtspolitik. Wenn aber die nationalen Gefühle in Handlung ausgelebt werden, will man vielleicht verhindern, dass jemand anderer (der kein „richtiger Einwohner“ ist) diese genieße; man begnügt sich auch nicht mit Gefühlen, sondern zur Natur wird auch ein Heldenkönig, und die „heroische Vergangenheit“ gefügt, die man wiedererwecken und heute ausleben möchte.

„Deutschland, erwache!“ lautet der Streitruf der deutschen Neonazis, wie während der Nazizeit. Man will den heroischen Riesen aus seinem Schlaf wecken und mit Stärke für alle Unrechte Revanche nehmen seit dem „schmählichen“ Versaillesfrieden – und allen Demütigungen in der autoritären Familie.

Der Mensch hegt intensive, primitive Quellen von Liebe und Hass, was in der psychoanalytischen Arbeit bestätigt wird. Man muss sich nur in unserer Welt umsehen, so angefüllt von Destruktivität. Diese Neigung für primitive (ursprüngliche, ungeschliffene, rohe) Passionen verlangen ein Schutzsystem in Form von Demokratie und Gleichberechtigung, damit wir sie nicht gegeneinander ausleben sollen. Das bedeutet natürlich nicht, dass man eine ausgeglättete Gesellschaft mit gleichgültigen, langweiligen Leuten ohne Passionen erstrebt. Die Passionen sollen aber Gefühle sein, Streben, Wünsche, das heißt sie sollen sich in der mentalen Sphäre halten, wenn man sie erlebt oder für andere Menschen ausdrückt.

Hier gibt es noch eine Sperre außer der Demokratie und der Gleichberechtigung, nämlich die Kultur. Franz wies darauf hin, wie die extremen Jugendlichen keinerlei Erfahrung über ihre eigene Kultur zu haben schienen, nicht einmal davon, auf dem Land zu sein und einen Schnaps zum Hering zu trinken. Die Kultur bedeutet gerade eine Betonung von mentalen Erlebnissen als das notwendige Übergangsgebiet gegen das materielle Leben. Wir genießen Musik, Literatur, Theater, Kunst, Tanz, Film u.s.w. als eine Art, mit unseren Passionen in Kontakt zu kommen. Wir sehen ein, dass diese Passionen zu einer kulturellen Erlebnissphäre gehören, die etwas anderes als ein auf Handlung eingerichtetes Zukunftsprogramm ist. Das bedeutet nicht, dass die Kultur zahnlos sein soll, um eine Sperre gegen Ausleben auszumachen. Nein, die Kultur soll im Gegenteil eine zahnreiche Lanzenspitze sein um Kontakt mit den Passionen zu erreichen und zu Veränderungsgedanken zu inspirieren, mit denen dann die Demokratie nach passionierten Debatten etwas machen kann.

Wenn man die Kultur in ökonomischen Krisenzeiten abrüstet, ist es also nicht eine Frage, an der „Freizeitbeschäftigung“ zu sparen. Statt dessen befasst man sich mit einem gefährlichen Risiko, man riskiert die Sperren gegen destruktives Ausleben zu durchbrechen. Manchmal sagt man auch kluge Sachen auf den Sportseiten der Zeitungen: „Es ist besser in Boxclubs zu gehen, als auf den Straßen zu raufen.“ Die Kultur enthält gerade eine solche Sublimierung, das heißt eine Einrichtung auf höhere soziale Ziele von den primitiven Passionen. Alle Sublimierungen, wie Bibliothek, Theatervereine, Filmclubs, Studiengruppen, Volkshochschulen, Erwachsenenbildung, Orchestervereine, Karateclubs u.s.w. sind nicht nur ableitend, sondern geben unter anderem den nationalen Gefühlen Meinung, ohne dass sie als Nationalismus ausgelebt werden müssen.

Im November 1992 veröffentlichte die deutsche psycho-analytische Vereinigung eine Deklaration gegen Fremdenfeindlichkeit und Gewalt in Deutschland. Man betont unter anderem, dass die homogene Nation in Wirklichkeit ein unmoderner Begriff sei, der als ein gefährlicher regressiver Mythos über die „Volksgemeinschaft" weiterlebe. Den Fremden verwendet man als Sündenbock und als Reservoir für unsere eigenen Projektionen.

Toleranz und Humanität gegen Fremde verlangen konstante Anstrengungen von Zivilisation und Kultur. Das ist der einzige Weg, die Kraft der Projektionen zu vermindern und den Begriff „uns" als eine nationale Einheit, die alle anderen auf aggressive Weise ausschließt, zu lindern...

Unentschlossene Reaktionen von Politikern und Behörden in unserem konstitutionellen Staat, zusammen mit dem Mangel an Zivilcourage tragen zu einem Zusammenbruch in dem individuellen Gewissen bei..." (German Psychoanalytical Association, 1992)

Integration

Gespräch mit Ludvig Igra

Ludvig Igra war, wie ich selbst, Psychoanalytiker, er hat sich besonders für die Psychologie der Bosheit interessiert. Zwei Bücher hat er zu dieser Zeit geschrieben: *„Objektrelationen und Psychotherapie“* (1983) und *„Auf Leben und Tod“* (1988), außerdem einen Aufsatz über *„Die Strukturen der Bosheit – die Botschaft der Mythen“* (1991), den ich in einem früheren Abschnitt referiert habe. Hier folgt ein Gespräch zwischen Ludvig Igra und mir, wobei ich hoffe, dass wir einige wichtige Gedankenlinien in diesem Buch zusammenfassen. Vor unserem Gespräch hatte Ludvig Igra das Buch in Form eines vorläufigen Manuskripts gelesen.

Tomas Böhm (TB): Eine Hauptfrage in diesem Buch geht von den Fußballhooligans aus. Sie handelt von dem netten Harry, dem gewöhnlichen Durchschnittsbürger, der nach dem Verfasser Buford durch die Masse verrückt wird; ich bezweifle, dass der gewöhnliche Harry nett ist. Außerdem ist er verwandt mit dem (sadistischen) Nazi, der nach Hause geht und seine Kinder streichelt. Gleichzeitig riskiert es, banal zu werden, wenn man behauptet, dass Harry eine traumatische Kindheit hatte mit Eltern, die ihn schlugen, denn es gibt ja viele, die es so hatten ohne deshalb in Volksmassen verrückt zu werden, auch wenn Volksmassen unerhört suggestiv sein können. Es ist, als gäbe es ein extra Moment, das schwer einzufangen ist. Warum müssen Gewisse die reine Bosheit ausleben? Neulich hörte ich ein Radioprogramm über Elias Canettis Buch: *„Masse und Macht“*...

Ludvig Igra (LI): ... wo er von einer Gruppenseele spricht...

TB: ... und auch von dem Genuss zu zerstören, dem Genuss, das Klirren zu hören, wenn man das, was man einmal als etabliert gesehen hat, zerschlagen wird. Als ich darüber nachdachte, löste ich es vor allem mit der paranoiden Position, aber die Frage besteht. Es gibt ja Menschen, die eine genügende

Integration behalten und Kontakt damit, dass es sich um andere Menschen von Fleisch und Blut handelt.

LI: Woran ich denke, wenn du diese Gedankengänge führst, ist, dass es etwas außer der schizo-paranoiden und depressiven Position als zwei Lagen innerhalb einer zusammengehaltenen Persönlichkeit gibt... Ich glaube auch wie du betreffend dem netten Harry, dass es klar ist, dass der Mann schwer gestört ist, die Frage ist, auf welche Art. Ich würde den Hilfsbegriff „Spaltungen in der Persönlichkeit" verwenden. Er scheint zu alternieren – nicht zwischen fünfzehn verschiedenen hysterischen Persönlichkeiten – aber ich kann mir denken, dass ein Aspekt seiner Persönlichkeit pseudonormal ist, sehr gut angepasst, da „scheint" er auf einem höheren Niveau zu fungieren. Er „scheint" ein guter Familienvater zu sein, aber da kann man darüber nachdenken, ob es auf einer „falschen Selbst"-basis ist. Er tut wie andere nette Familienväter, er sieht aus wie andere.

TB: Ein konventioneller Lack?

LI: Ja, aber das Dämonische an ihm, wenn er unerhört gefühlskalt fungiert und faschistoid ist, hängt mit einer Abspaltung zusammen, vielleicht sogar mit einem recht organisierten Teil seiner Persönlichkeit. Der ist eben abgespalten und ich bekomme ein Gefühl davon, dass, wenn er nur nett wäre, würde die Angst bei ihm steigen. Er würde subjektiv erleben, dass er es langweilig hätte. Die abgespaltene, destruktive Persönlichkeit fungiert für ihn sicher als ein Ausleben und beruhigt ihn. Er saugt jemandem das Auge aus und gleich darauf sitzt er mit seiner Frau bei „Kentucky Fried Chicken".

TB: Man kann von einer schweren Störung ausgehen, wie bei ihm, aber das Schwierige und Interessante ist, ob es eine gemeinsame geringere Störung gibt, die bei vielen vorkommt. Denkt man an die entwickelten Sadisten während des Nazismus mit ihren abgespaltenen destruktiven Seiten, kann man sie auch als schwer gestört ansehen. Andererseits gibt es die jungen griechischen Folterer, die in den Untersuchungen als ganz normal beschrieben wurden. Sie scheinen von einer anderen Sorte zu sein.

LI: Ich glaube nicht, dass sie eine besondere Pathologie haben müssen. Gewisse Menschen werden widerstehen, aber sie werden aus anderen Gründen als psychopathologischen widerstehen. Sie identifizieren sich mit einer Moral, die ihnen sagt, wenn sie am Quälen von anderen Menschen teilnehmen, wäre es dasselbe, als verriete er sich selbst. Aber es können Menschen sein, die doch „schwierig" sind. Man kann richtig gestört sein, einen schweren Hintergrund haben, aber trotzdem Unvermögen zu Foltern haben.

Neulich las ich *Otto's Ark*, über einen Mann in Deutschland, der mit dem Einsatz seines Lebens viele Juden rettete (Otto Schindler). Alle sind sich darüber einig, dass auf viele Art ein unerhört unsympathischer Mann war. Er betrog seine Frau, befasste sich mit zweifelhaften Geschäften, trank und man kann vermutlich sagen, dass er sich im konventionellen Sinn wie ein Schwein benahm. Seine einzige Antwort auf die Frage, warum er Juden rettete, war, dass er es tun musste, es war ihm selbstverständlich. Es handelte sich für ihn vielleicht um etwas viel Wichtigeres als übrige moralische Fragen, um Übergriffe gegen das Leben von Menschen.

Man kann die Deutschen auch nicht auf ihren Hintergrund reduzieren. Die ärgsten Folterer der Nazis waren nicht nur Deutsche, sondern unter anderem Letten und Ukrainer zeigten einen Enthusiasmus für die Aufgabe und es gab auch andere.

Wir kommen zu einem wichtigen Punkt; alles destruktive Handeln – individuell oder in Masse – ist angstgetrieben. Das ist vielleicht nicht kontrovers zu behaupten. Entweder angstgetrieben und damit eine Verteidigung gegen die Angst und wir haben alle abgespaltete Aspekte unserer Persönlichkeit. Aber der Unterschied müsste wohl sein, ob es beim Individuum einen inneren Zwang gibt, es in Handlung auszuleben. Es ist ein großer Unterschied, wenn man es als sadistische oder destruktive Phantasien, psychische Möglichkeiten, bei sich behalten kann oder ob das Individuum die Phantasien in Handlung umsetzen muss und nicht eher seelische Linderung bekommt, als die Handlung zustande gekommen ist. In dem letzteren Fall wird das Individuum einen Zusammenhang aufsuchen, die das Ausleben legitimiert, das er so zwingend spürt. Ungefähr wie ein Anteil von Sexualverbrechern, die selbst sagen, dass „es ein Zwang wäre, keine Lust".

TB: Wie ich es verstanden habe, trifft dieses zwangserlebte Ausleben beruhend auf dem Grad der Abspaltung ein. Wenn man den integrativen Zusammenhang mit seiner übrigen Persönlichkeit verliert, da wird man es ausleben. Solange der Zusammenhang besteht, wird man sich erinnern, dass „ich auch ein Mensch bin, der..."

LI: ... Den Grad der Spaltung... eine eher integrierte Person kann das nicht tun.

TB: Wenn ich jetzt diese nagende Frage wiederhole – was sind die gesellschaftlichen Voraussetzungen dafür, eine Abspaltung bei Menschen eher zustande zu bringen als Verdrängung und andere mehr wohlfungierende Verteidigungen? Man pflegt ja zu sagen, dass je frühere Störung, desto frühere und primitivere Abwehr. Etwas ist früh in den Mutter-Kind-Beziehungen passiert, etwas Traumatisches oder auf andere Weise Unbegreifliches. Es ist eine ähnliche Frage wie die, warum gewisse Projektionen hängen bleiben und zu stereotypen Vorurteilen und Rassismus werden, statt dass der sie zurücknimmt und bearbeitet, der sie aussendet: „Ich übertrieb, so böse sind sie wohl nicht..."

LI: Wenn man in der gesellschaftlichen Perspektive aufrollen soll, wenn wir die Sowjetunion oder USA unter der McCarthy-Zeit nehmen. Diese Phänomene müssen zunehmen in Perioden, wenn die Gesellschaft legitimiert und behauptet, dass es eine Überlebensforderung sei, eine paranoide Haltung zu pflegen! Man sagt, dass die Stabilität unserer Gesellschaft Wachsamkeit und Misstrauen verlange. Man landet in einer Situation, bei der man den Klassenfeind in seinem Bewusstsein aufbauen muss, wenn man ihn erfunden hat, muss man ihn ja in der äußeren Wirklichkeit finden. Da bestimmt man, dass es die Kulaken sind, das heißt gewöhnliche Bauern in der Ukraine, die man da zu Millionen verhungern lässt und es „den Klassenkampf gegen die Kulaken" nennt. Trotzdem der „Kampf" furchtbare Entbehrungen mit Hunger und sterbenden Kindern für Millionen in der Ukraine mit sich brachte, wurde er von „gewöhnlichen, netten Menschen", Parteimitgliedern die ja die Humanität huldigen und Kommunisten geworden waren, weil sie Menschenwürde und Anständigkeit huldigten, durchgeführt. Aber die paranoide Situation legitimiert diese brutalen Übergriffe. Die politischen Kader sehen nicht mehr das Leiden sondern nur den Klassenfeind, der auf listigen Wegen, unter anderem indem er versucht, „Mitleid zu erwecken", versucht, sich aus dem Griff der Partei „heraus zu schlängeln". Das ist sehr leicht in uns zu wecken.

TB: Dann ist es nicht einmal notwendig, dass die Führer Sadisten sind, wie Arieti von den nazistischen Führern meint?

LI: Ich weiß nicht, ob sie das sein müssten, um den Prozess in Gang zu bringen, doch glaube ich an den Gedanken von einer grundlegenden psychologischen Figur, in der wir Menschen uns bewegen, nämlich der sadomasochistischen. Nicht in der Perversionsbedeutung mit Peitsche und allem Sonstigen, aber wir haben eine Tendenz Sachen und Dinge in oben und unten zu gruppieren. Eigentlich braucht man keine ausgeprägt sadistische Persönlichkeit damit dieses Spiel in Gang kommen soll. Wir können unsere eigene schwedische Gesellschaft nehmen – es genügt mit ökonomischer Krise und Arbeitslosigkeit. Die Führung braucht nicht sadistisch zu sein, aber unmittelbar fallen paranoide Reaktionen aus: „Es gibt jemanden, der meine Arbeit nimmt!" Mit den paranoiden Reaktionen kommt der Bedarf, sie zu legitimieren. Ich muss dann das Bild von einem Einwanderer aufbauen, der innerhalb der Grenzen kommt, in Limousine ins Grand Hotel gefahren wird, wo er für mein Geld wohnt.

TB: Das Paranoide wird eine Folge des Sadomasochistischen!

LI: Ich glaube, dass „Ober“- und „Unter“-Beziehungen machen, dass die Angst bei mir geweckt wird und überhand nimmt. Ich baue eine paranoide Phantasie darüber auf, warum ich unterliege. Ja, meine Ökonomie wird verschlechtert, weil Ausländer ins Land kommen, die meine Kultur zerstören, meine Arbeit nehmen und mich dazu bringen, dass ich in schlechte wirtschaftliche Verhältnisse komme. Allmählich sehe ich den Einwanderer mit seiner dicken Goldkette in seinem flotten roten Sportauto herumfahren. „Wie, zum Teufel, haben sie das alles in so kurzer Zeit bekommen können? Sie können ja nicht einmal unsere Sprache! Und was hab ich, der ich mein Leben lang hier gelebt habe, – einen alten VW!“

TB: Dieser Tage, bei einer kultivierten Einladung, kommen wir, wie zum Spaß, auf das Thema, wie die Deutschen kommen und die schwedischen Sommerfrischen an der südlichen Ostseeküste aufkaufen. Das tun sie vermutlich, aber es wird zu etwas viel Größerem und Gefährlicherem aufgebaut.

LI: Die Phantasie macht, dass die Deutschen mich zwingen werden, ihnen Platz zu machen, sie werden mich einbauen und in aller Frühe brüllen. Meine kleine schwedische Fahne wird schlaff hängen, während ihre im Wind flattern werden. Freilich, das ist eine so starke Attraktionskraft in der paranoiden Position, denn sie gibt einen Ausweg aus etwas, das Angst erweckend und unklar ist und der Ausweg schafft eine scheinbare Klarheit und Struktur, außerdem liegt die Antwort außerhalb meiner selbst.

TB: Du betonst, dass es sich um eine grundlegende psychologische Figur handelt, man braucht also nicht nach einer speziellen Erfahrung, die sie schafft, zu suchen, sondern die gibt es als ein Potenzial von Anfang an. Ich habe die gesellschaftlichen Schutznetze dagegen, wie Demokratie und Gleichberechtigung beschrieben...

LI: ... die eine Art äußere Parallelen dazu sind, was du als Gegengifte gegen diese Figuren in der inneren Welt hervorhebst, nämlich unsere Pflicht, das Vermögen zu entwickeln, widersprechende Gefühle auszuhalten, zu vertragen, dass diese Gefühle in uns zusammengeführt werden. Auf diese Weise können wir gute und böse Selbstbilder integrieren und gegensätzliche Vorstellungen vom anderen, und uns selbst als Teile in einem größeren Ganzen mit anderen sehen.

TB: Ich bin ja an individueller und gesellschaftlicher Prophylaxe interessiert. Was bewirkt, dass diese Figuren nicht so viel ausgelöst werden, dass sie in Handlung übergehen? Die inneren Gegengifte müssen doch mit den Umständen während des Heranwachsens zu tun haben? Sich mit Unsicherheit und Ambivalenz identifizieren zu können, verlangt ja, dass es die Eltern können. Man kann sagen, dass es ein langer und gradliniger Prozess ist, den keine Gesellschaft fertig gebracht hat.

LI: In dem Fall müsste es eine kleine Ortschaft sein, wo alle Teile der Ortschaft und deren Mitglieder zu überblicken und im Individuum zu tragen sind. Unsere Bedingungen sind aber, dass wir von den KAFKAgefühlen der Metropole geprägt sind, Gegenstände unsichtbarer Mächte zu sein, die immer irgendwo anders sind. Das ist ein Klima, wo es für uns leichter ist, Phantasien von eigenen Projektionen zu weben und in unserem Denken unter solchen Verhältnissen primitiv zu werden.

Trotzdem kann in dem, das gut wirkt, eine Innenseite mit ganz anderen Qualitäten bloßgelegt werden. Man las Reportagen von der Kulturrevolution in China, darüber wie die Kinder erzogen wurden, keine Gewalt in den Tagesheimen, Hilfsbereitschaft und Respekt zwischen den Generationen, dem Volk zu dienen. Man bekam lyrische Beschreibungen von einem Menschen, der selbstlos mit sozialer Verantwortung und Gruppengefühl war.

TB: Hatte man es nicht, bekam man Hilfe von den Kameraden.

LI: Die Rapporte, die man nun darüber liest, was während der Kulturrevolution geschah, handeln davon, dass Menschen zu Millionen untergingen, nicht nur, weil sie zu Tode gefoltert wurden, sondern dadurch, dass Brutalität, Intoleranz, Sadismus und Demütigungen in das System gesetzt wurden. Wie war das möglich? Vielleicht weil das Ideal auf einem gespaltenen Bild des guten „Volkes“ und dem bösen „Klassenfeind“ baute. Man braucht in dieser paranoiden Struktur kein Mitleid mit dem Klassenfeind zu haben, er soll vernichtet und gedemütigt werden. Man sperrt ihn in einen Verschlag, zwingt ihn jahrelang Toiletten mit bloßen Händen zu reinigen, statt dass er sich mit Philosophie oder mit Violinspiel befassen darf.

Stalin rief nach der Ausrottung der Kulaken aus, dass wir nun die klassenlose Gesellschaft erreicht hätten, der äußere Feind wäre nun vernichtet. Da wurde er vor ein neues Problem gestellt: sein neues paranoides Objekt zu finden. Da fand er den Feind in der Partei selbst. Das wurde die notwendige

Lösung um die paranoide Struktur zu bewahren. Interessanterweise musste er ein neues Ziel finden, nachdem die Partei gereinigt worden war. Er plante deshalb einen Totschlag gegen die Juden, der mit seinem Tod abgebrochen wurde. Diese Mentalität fasst Integrationsbestreben als sentimental, als Ausdruck für Schwäche oder verächtlichem Humanismus auf.

TB: Welche Feinde haben wir in unserer Gesellschaft, die wir für die paranoiden Strukturen brauchen?

LI: Das hab ich mich eben auch gefragt. Wenn wir nach den letzten Entwicklungen urteilen sollen, so liegen die Einwanderer und die Juden auf der Hand.

TB: Da denke ich daran, dass, wenn Ausländer zu uns kommen, werden sie auf eine spezielle Art gefragt: „Was denken Sie von uns?" Es hat mich berührt als eine ängstliche, nur mit sich selbst beschäftigte Frage: „Finden Sie, dass es hier schön ist? Finden Sie, dass unsere Fußballer auch halbwegs gut sind?" Diese niedrigen Selbstgefühle müssten deutlich von außen aufgestützt werden, aber sie fungieren vielleicht auch als ein merkwürdiger Schutz dagegen, allzu paranoid und gekränkt zu werden?

LI: Ja, das glaube ich. Diese Ängstlichkeit scheint von dem kulturellen Nachhinken zu handeln. Wir sind ein Industrieland, aber was die Mentalität betrifft, in vielem noch ein Bauernland. Sind die hausgewebten Fleckerlteppiche rein genug, die Kaffeetassen allzu gesprungen, ist es fein genug? Die arme Bauernkultur hat andere Probleme als die, worüber wir nun sprechen.

TB: Das erinnert mich daran, was Ronny Ambjörnson über den Unterschied zwischen Nationalismus und nationalen Gefühlen sagt. Es scheint, als ob der Nationalismus gerade die sadomasochistischen und paranoiden Figuren mit den heroisierten Geschichten, Unrechten und Revanchegefühlen verwendet. Der Nationalismus wächst aber nicht nur aus der gesellschaftlichen Perspektive, sondern auch aus dem individuellen Grund bei den Chinesen, Flamen, Letten, Ukrainern und Schweden.

Was ist es, das eine solche Abspaltung bewirkt, dass es keinen Schutz mehr dagegen gibt? Das, was bewirkt, dass der Mensch in einer Raserei den Verstand verliert, eine Verletzlichkeit, ohne mit seinen anderen Teilen wiederzukommen? Ich glaube, es handelt meist um Identifikation mit den Elterngestalten, ihrer eventuellen Mäßigkeit, Reflektion, reuevollen Reparationen oder deren maßloses Ausleben.

Sowohl du wie ich, als Kinder jüdischer Einwanderer, haben eine Hellhörigkeit in uns dafür, dass übertriebene Paranoia oder Übertriebenheit überhaupt riecht.

LI: Ja, auch in uns selbst, wenn man selbst Verfolger ist, so kann man sich bremsen. Vielleicht macht es einen großen Unterschied, wenn ich finde, dass ich einer Gemeinschaft angehöre oder nicht. Ich finde, dass ich der schwedischen demokratischen Tradition angehöre, finde die bürgerliche Demokratie ganz ausgezeichnet, eine Form, an die ich glaube. Meine Zugehörigkeit gibt es auch in einem anderen Kulturzusammenhang, meinem Bewusstsein als Jude. Ich fühle mich nicht als ein einsamer historieloser Mensch, hinausgeworfen in eine anonyme Gesellschaft.

Wenn ich selbst in vorurteilsvollen Attitüden oder Handlungen lande, was in der ersten Runde leicht geschieht, so ist das, was dann geschieht, dass ich von einem zufällig primitivem Denken zurückkehre, und auch zu einer kulturellen Zusammengehörigkeit zurückkehre, die eben sagt, dass die Welt eher kompliziert und vielfältig ist, als dass man sie in einem einfachen Slogan einfangen kann.

Aber die vorurteilsvollen Menschen, wie ich sie mir vorstelle, abgesehen von ihrer Pathologie, müssen zusammenhanglose, historielose sein, das hat mich in der heutigen schwedischen Gesellschaft befremdet. Was geschieht mit Jugendlichen, wenn die Politiker die humanistischen Fächer verkürzen, so dass keine historische Kontinuität vermittelt wird? Als Jude habe ich ja das Gefühl, dass ich schon seit viertausend Jahren unterwegs gewesen bin, Erfahrungen gesammelt habe und von der Vielfalt und Vieldeutigkeit des Lebens beeindruckt zu werden. Dagegen kann ich mir vorstellen, dass der „nette" Harry und seinesgleichen während des letzten Krieges unerhört verirrte Menschen waren, was ihnen angeboten wurde, war nicht nur die Chance, Menschen zu foltern – sondern in einem größeren Zusammenhang teilhaft zu werden. Dann kann der Zusammenhang ein Fußballclub, das Tausendjährige Reich oder das Aufbauen des Kommunismus sein.

TB: Aber warum wählen sie nicht den Bowlingclub oder den Bogenschützenverein? Da kann man sogar Auslauf für seinen Zorn bekommen.

LI: Weil sie nicht Zerstreuung suchen; sie sind so zusammenhangslos, dass wir es sehen, als hätten sie die Absicht, etwas zu zerstören, da wir die destruktiven Manifestationen sehen, aber sie selbst erleben, dass sie aufbauen. Sie hören immer wieder, dass sie dumm sind, dass sie trinken, misshandeln, brutal sind und ein Teil einer anonymen Masse. Selbst erleben sie aber vielleicht, dass sie endlich etwas Sinnvolles tun, und das etwas, was für sie wichtig ist, eben aufgebaut wird, – eine neue Gesellschaft, eine judenfreie Welt, eine reinrassige schwedische Umwelt.

TB: Wenn man eine TV-Reportage über Neonazis sieht, die in einem Wirtshaus sitzen und widerliche antisemitische Lieder singen, versteht man, dass sie einen Zusammenhang fühlen, aber warum gerade dieser Ausdruck?

LI: Ich glaube, dass ihr Selbstwertgefühl sehr niedrig ist; sie sind verwirrt und hegen eigentlich viel Selbstverachtung. Man bietet ihnen eine Struktur an, bei der sie die Selbstverachtung loswerden, indem sie verachten etwas anderes zu finden, das verächtlich ist. Außerdem erklärt man es ihnen durch die nazistische Ideologie. „Das bin nicht ich, der verächtlich ist, das ist der Jude, er hat alles, das ich früher glaubte , dass ich es hätte, Schwäche, Schlechtigkeit, Brutalität, er soll ausgerottet werden, nicht ich."

Was wir als eine furchtbare Brutalisierung und Schändung alles Menschlichen erleben, wird innerhalb des Nazismus selbst als eine Reinigung aufgefasst, etwas, das Sachen und Dinge besser machte.

Der Rassist könnte Folgendes sagen: „Der Bowlingclub löst die persönlichen Probleme meiner Selbstverachtung nicht! Im Bowlingclub kann ich nur sehr geschickt im Bowling für mein Selbstgefühl werden, aber das genügt nicht, um mit den anderen befreundet und von ihnen bewundert zu werden. Ich muss überzeugt werden darüber, dass es die Schlechten irgendwo anders gibt, ich kann ja nicht sagen, dass es der Erdball ist, der schlecht ist."

Ich glaube nicht, dass man eine brutale Kindheit gehabt haben muss, um hier zu landen. Man kann eine brutale innere Welt auch mit einer idealisierten guten Kindheit entwickeln – das andere Extrem. Da hatten die brutalen Aspekte meiner Persönlichkeit keine Möglichkeit, sich zu artikulieren und zu integrieren. Da hat das umgebende Gute das Brutale verboten – ein Verneinen, das es nicht verschwinden lässt. Die Grundstruktur und der Bedarf an Projektionen können auch unter Verhältnissen, wo nie ein hartes Wort geäußert oder eine Hand gehoben wurde, produziert werden.

TB: Deshalb ist die Kultur so unerhört wichtig um für dem Zwischengebiet Platz zu geben, wo man das Verbotene versuchen und ausdrücken kann, wie den Sport als einen Teil der Kultur.

LI: Ich glaube, dass es wichtig ist, mit dem Mythos aufzuräumen, dass nur Leute mit unglücklicher Kindheit es sind, die solche potenzielle Fremdenhasser werden. Im Gegenteil glaube ich, dass viele mit unglücklicher Kindheit eine starke Empathie von ihren eigenen Erfahrungen aus entwickeln können.

TB: Doch ist es mehr wahrscheinlich zu glauben, dass es eher eine übertriebene Brutalität als eine übertriebene Güte wäre, die hinter der genügend starken Abspaltung bei den „psychopatischen" Rassisten läge.

LI: Es geschehen derzeit große Veränderungen in der Kindererziehung. Früher war es üblich, Kinder zu schlagen, egal welche Nazigröße man auch immer aufsuchen würde um zu konstatieren, dass seine Eltern ihn sicher halbtot geschlagen hätten; das ist heute nicht mehr so üblich.

TB: Nein, heute ist es sicher gewöhnlicher sie zu verlassen.

LI: Genau! Da hast du das Zusammenhangslose! Das führt zu hasserfüllten Phantasien. Es gibt keine Struktur, die das Suchen des jungen Menschen auffängt, anders als in der Filmwelt. Die wiederum spaltet oft die Wirklichkeit in zu einfache Kategorien. du behandelst etwas unerhört Wichtiges in dem Buch, dass man vielleicht die Bedeutung der Schule und der Familie als Einheiten, die grundlegende Bewertungen vermitteln, unterschätzt. Es ist auch noch etwas: beizutragen mit Modellen, dafür, wie man mit dergleichen bei sich selbst fertig wird, wovon man nichts wissen will. Das Beunruhigende bei der heutigen Jugend sind die, die wenig Herbergsvermögen haben, was das eigene Gefühlsleben betrifft und die versuchen ihre Probleme dadurch zu lösen, dass sie auf andere verlegen, wovon sie von sich selbst nichts wissen wollen – und immer noch glauben, dass sie für grundlegende wichtige Werte kämpfen.

Aber stattdessen ist man zurückgeführt zu Hitler und seiner Vorstellung von – Reinigung. „Das deutsche Volk braucht Reinigung." Ein junger Mensch wird leicht versucht, sein Inneres zu reinigen, indem man das Schlechte und Verachtungsvolle bei einem anderen sieht.

TB: Es handelt sich oft um Reinigung kontra Mischung; das Pluralistische, das mit dem Integrativen zusammengehört.

LI: Nun, wenn wir darüber reden, denke ich daran, wie schwer es ist an all das zu denken. Es ist ein angstweckendes Gebiet und, wie alle solche Gebiete, stimuliert es mehr zu Handlung als zum Nachdenken. „Man muss aufklären, es muss Schluss werden mit..." Bei einem antirassistischen Aufmarsch hörte ich einen antirassistischen Demonstranten mit Fistelstimme schreien: „Wir müssen die Straßen von dem rassistischen Gesindel reinigen, es soll nicht einen einzigen Rassisten in unseren Straßen geben!"

Da hört man, dass es dieselbe Auseinandersetzung wie die des Rassisten ist. Er hätte ebenso gern auf der anderen Tribüne stehen können; so leicht ist es, hineinzurutschen in ...

TB: ... die Reinigung?

LI: Ja! Die Vision von der Vernichtung und Reinigung von dem wir nichts wissen wollen, dass es frei werden sollte von Rassisten oder Juden, ist der Ausdruck eines gefährlichen Denkens. Statt dessen müssen wir zugeben, dass die Feindseligkeit bestehen bleiben wird.

Wir werden die Frage der Intoleranz nicht ein für allemal lösen, sondern im besten Fall auf dem Weg sein, sie zu lösen. Dein Buch ist ein Beitrag auf dem Weg zur Lösung. Ein gefährlicher Ausweg wäre es zu glauben, dass man es lösen könnte oder mit Gleichgültigkeit auf das Schmerzhafte zu antworten: „Ich kann es nicht mehr aushalten".

Wenn es keine eindeutigen Lösungen gibt, müssen wir Zynismus und Gleichgültigkeit bekämpfen. Wir müssen „die endgültige Lösung" in allen dessen Formen scheuen und entdecken, dass unser Kampf gegen Intoleranz nicht hoffnungslos ist, nur weil er sich immer fortsetzen wird.

Widerstand

Wo gibt es die psychologischen Szenen, wo die Geschichte über Vorurteile, latente Fremdenfeindlichkeit und Rassismus gespielt werden?

Wir haben mehrere verschiedene Felder passiert und ich habe versucht, einige von den wichtigsten zu betreten. Sie rühren sich von der kleineren, individuellen Perspektive zu der größeren, gesellschaftlichen, aber mit der Fokussierung auf die psychologischen Faktoren unter allen übrigen – sozialen, ökonomischen, anthropologischen, historischen und religiösen.

Wie ich in der Einleitung erwähnte, gibt es die psychologischen Faktoren immer als Voraussetzung oder Folge zu anderen nichtpsychologischen Faktoren, und deshalb nehmen sie einen vorrangigen Platz ein, wenn man über notwendige Maßnahmen im Kampf gegen den Hass nachdenkt.

Hier werde ich frühere Themen wiederholen, aber nun mit der besonderen Ausrichtung darauf, was praktisch notwendig und möglich zu tun ist. Diese Intervenierung von Strategien ist sicher noch lange nicht vollständig. Andere sind willkommen sie zu komplettieren oder zu ändern, aber alle werden eingeladen, in ihrer eigenen Umgebung anzufangen.

Noch einmal will ich unterstreichen, dass ich mich auf individuelles und gruppenmäßiges Vorbeugen und Behandeln von Rassismus als psychologisches Phänomen einschränke. Deshalb werden keine anderen notwendigen Äußerungen des kollektiven Widerstands, wie Straßendemonstrationen aufgenommen werden.

Das Individuum

1. Das natürliche soziale Vermögen der Kinder ausnützen, wenn sie sich mit Kindern, die anders sind – in weitem Sinn – anfreunden wollen.

2. Mit Jugendlichen Nuancierungen diskutieren, wenn sie allzu viel in schwarz oder weiß aufteilen; die Schlechten haben auch gute Seiten, die Guten vielleicht lästige Eigenschaften.

3. Die Kinder soziale Zusammenhänge erleben lassen, wo Kinder und Erwachsene zusammen sind und wo Erwachsene und Kinder von verschiedenem und nationalem Ursprung sich treffen.

4. Ausländische Familien einzuladen, um zu lernen, wie sie leben, sowie zu erzählen, wie wir selbst leben.

5. Mehr über den eigenen gemischten Ursprung zu erforschen und versuchen, andere dazu zu bewegen, von ihrem zu erzählen, der Bindestrich-Identität einen Namen zu geben und sie zu pflegen.

6. Die eigenen und die Vorstellungen und Vorurteile der anderen Familienmitglieder über andere in der eigenen Familie zu diskutieren.

7. Bücher zu lesen oder auf andere Weise, durch TV, Vorträge, Reisen oder persönliche Zusammentreffen, mit anderen Kulturen teilzunehmen.

8. In der Familie zu diskutieren, was für dich an deiner Nationalität wertvoll ist. Vergleich mit der Schilderung der ausländischen Gäste über ihren nationalen Stolz.

9. Die Sprache des ausländischen Gastes zu beachten, damit man eine Sprache (englisch) spricht, die alle verstehen.

10. Wenn du ein unbestimmtes Unbehagen vor dem ausgesprochenen Vorurteil eines anderen oder das gezeigte Abstandnehmen gegen einen Fremden oder eine andere Volksgruppe fühlst, so versuche das Gespräch so zu steuern, dass der Vorurteilsvolle sich erklären muss. Oft ist es schwer schnell Argumente gegen ein überraschendes Vorurteil zu finden, nachdem Zorn und Angst zusammenstoßen. Deshalb ist es gut, Fragen in Bereitschaft zu haben: „Wie meinst du das? Kannst du näher erklären wie du denkst?“ Lass den Gegenpart erst sich in die eigene Argumentati-

on verirren, ehe du argumentierst. Auf diese Weise kommt eine Diskussion in Gang und du lernst auch die „Wörterliste“ zu erkennen.

11. Beispiele aus der „Wörterliste“:

Verallgemeinerungen:
Neger sind musikalisch
Neger laufen schnell
Araber sind unverlässlich
Zigeuner sind diebisch
Juden sind geizig und gerieben

Halblaut gebrummte Herabsetzungen
Das weiß man doch, wie die sind...
Ich weiß nicht, aber...
Man hört ja Einiges über sie...
Die kommen aus ökonomischen Gründen her...
Sie wollen ja nicht arbeiten, sondern nur Beiträge bekommen.
Sie schlagen ihre Frauen und Kinder.
Sie nehmen unser Geld weg.
Mit denen kann man keine Geschäfte machen, die betrügen einen.
Ich hab nichts gegen sie persönlich, sondern gegen die Mentalität in der Gruppe.
Wir haben genug von unseren eigenen Problemen.
Die könnten wohl auch in andere Länder fahren.
Sie sind zu verschieden um hierher zu passen.
Das ist wohl schade, dass es in einigen Jahren keine blauäugigen Kinder mehr geben wird.

Vorurteilsvolle Mythen
Die Juden regieren USA,
haben massenhaft Geld,
bereiten eine weltumspannende Konspiration vor,
trinken das Blut von Christenkindern,
sehen Mord an Christen als gute Tat an.
Araber besitzen Häuser und Banken,
sie haben nichts gegen Blutrache,
die einzige Sprache, die ein Araber versteht, ist die Drohung von Gewalt,
ein arabischer Handschlag ist nichts wert

12. Wirk gegen das Aufkommen von Selbstverachtung bei den Kindern, damit sie nicht diese auf andere Menschen projizieren müssen. Sei deshalb für das Risiko aufmerksam, dass Kinder verlassen, gekränkt, mit Herablassung, Ironie, behandelt oder lächerlich gemacht werden. Beachte auch das Bedürfnis der Kinder an Sicherheit, Verlässlichkeit und Wärme.

Die Schule

1. Die Möglichkeit zu Diskussionsgruppen geben, wo auch die am meisten Vorurteilsvollen Gelegenheit bekommen, zu entwickeln und zu zeigen, was, wie und warum sie auf eine gewisse Art denken.

2. Ausländische Schüler selbst von ihren Ländern erzählen lassen, inklusive Literatur, Essgewohnheiten, den Bedingungen der Jugendlichen, von Krieg, ihrem eigenen Entschluss zu uns zu kommen. Schwedische Schüler über ihren gemischten Bindestrich-Hintergrund erzählen lassen. Zuhörer werden gefühlsmäßig mehr berührt von persönlichen Erzählungen und wehren sich weniger dagegen, den komplizierten Inhalt aufzunehmen.

3. Durch die Klassenkameraden einheimische Patenfamilien für die Einwandererkinder zu verschaffen. Das muss in der Klasse diskutiert und organisiert werden. Es ist leicht, dass es sonst auf Grund von Gleichgültigkeit nicht zustande kommen.

4. Auf Vorstellungen und Vorurteilen auf dieselbe Art reagieren wie in der Familie und unter Freunden, sobald man die Wörterliste erkennt oder wenn das Unbehagensignal ertönt. Erst fragen, wie er es meint und ihn/sie zu bitten, näher zu erläutern, was gemeint wäre. Es ist besser seine Zivilcourage anzuwenden solche Fragen zu stellen, als nachträglich unter einem schlechten Gewissen zu leiden, weil man sich passiv verhalten hatte.

5. Nütze die Kenntnisse der ausländischen Schüler.

6. Diskutiere die Unterschiede verschiedener Nationen im Verhältnis zwischen Erwachsenen und Jugendlichen und zwischen Jungen und Mädchen. Diskutiere die Einstellung zu Forschheit, Gefühlen und Liebe.

7. Diskutiere und ermuntere die Integration von den Aktivitäten von Burschen und Mädchen, um die Aufteilung zwischen „ich-mit-den Burschen" und „ich-mit-meinem Mädel" zu vermeiden.

8. Für die gefühlsmäßig am meisten Verarmten: Die Entwicklung ihrer inneren Welt zu begünstigen durch Vorlesen, Kultur, Ausflüge, Erzählungen und Gemeinschaft, statt Fragen zu diskutieren, wo sie in ihren Vorurteilen hängen bleiben.

9. Vereinfachten Kommentaren, wie „so finden doch alle, nicht wahr?" zu entgegnen.

10. Von der Schulleitung Maßnahmen zu verlangen, wenn die Vorurteile durch Handlung ausgelebt werden. Die Maßnahmen so einrichten, dass die Vorurteilsvollen die treffen und mit ihnen konfrontiert werden können, die sie für Vorurteile ausgesetzt hatten, sowohl individuell wie in Gruppen.

11. „Bagatellisierungstendenzen" entgegen zu arbeiten, indem man den allergeringsten Ausdruck oder Ausleben widerlegt.

12. Die diffus vorurteilsvollen Kommentare der Lehrer auf dieselbe Art zu bekämpfen wie oben; sie fragen, was sie meinen, sie aufzufordern ihren Gedankengang zu entwickeln.

13. Schon früh ein Lebensanschauungsfach in der Schule einzuführen, z.B. in der Mittelstufe, in den Klassen 4-6, das die ganze Schulzeit wiederkommt. Da kann man die Kenntnisse über die menschliche Auffassung verschiedener Religionen, die Frage von Unterschieden und Gleichheiten zwischen Menschen, Beziehungen zwischen Freunden, Liebespartnern, sowie anderen Fragen, die für die Schüler wichtig sind, statt der abstrakten Fragen über „alte, vermooste" Philosophie.

14. Es gibt besondere Übungen, die Vorurteile beleuchten und die speziell für die Schule entwickelt wurden. Zum Beispiel: Alle Kinder mit blauen Augen bekommen schlechteres oder weniger Essen, oder müssen sich hinter allen anderen anstellen oder werden strenger behandelt. Solche Übungen in das Einleben können eine notwendige Ergänzung zu den Diskussionen sein.

Massenmedien

1. Gerne die Einflüsse anderer Kulturen auf unsere eigene schildern.

2. Die vermuteten Bindestrich-Identitäten von Einwohnern in ihrer Beschreibung im TV oder in Zeitungen zeigen, inklusive die der Journalisten als Vergleich damit, was als direkt anders erlebt wird.

3. Begnüge dich nicht damit, Menschen als vorurteilsvoll zu bezeichnen. Lass sie stattdessen in Interviews konfrontieren, so dass ihre Ansichten auf eine so deutliche Art entlarvt werden, dass die meisten Leser oder Zuhörer einsehen, worum es geht. Lass sie mit anderen Worten sich selbst widersprechen und stelle konfrontierende Fragen über ihren widersprechenden Gedankengang.

4. Schildere die Verhältnisse in anderen Kulturen durch die Schicksale einzelner Menschen.

Die Gesellschaft

(Behörden, Beamten, Politiker auf allen Niveaus, wo keiner ohne Verantwortung ist)

1. Schütze und erkläre den Wert der Demokratie als eine kontinuierliche Aufklärungsarbeit.

2. Schütze und erkläre den Wert der Gleichberechtigung als eine kontinuierliche Aufklärungsarbeit.

3. Baue die Kultur aus, statt sie abzurüsten! Ausgegrenzte Gruppen brauchen Theater, Bücher, Filme und andere Kunstformen, die ihre Verhältnisse beschreiben und ihnen ein Ausmaß an Selbstreflektion statt impulsiven Handlungen anbietet. Kultur ist nicht nur Zerstreuung – sie trägt dazu bei, die innere Welt der Menschen offen zu halten.

4. Bewache Übertretungen des Gesetzes von „Hetze gegen Volksgruppen", so dass das Gesetz ohne Bagatellisierung verwendet wird. Die Folgen sollten auch eine Konfrontation zwischen dem Täter und dem Opfer beinhalten.

5. Notiere auch Gesetzübertreten bezüglich eventueller Hetze von Einwanderern gegeneinander, so dass nicht die Gegensätze anderer Länder hier in Handlung ausgetragen werden.

6. Lass das Einwandereramt eine antirassistische, vorbeugende und untersuchende Tätigkeit in Zusammenarbeit mit dem Diskriminierungsombudsmann (DO) und anderen antirassistisch tätigen Gruppen ausbauen.

7. Bemerke und fördere besonders Familien mit Kindern, Jugendliche und Arbeitslose. Familien mit Kindern brauchen optimale Verhältnisse, damit die Kinder mit gutem Selbstgefühl aufwachsen sollen. In Sparzeiten, ebenso wie sonst, darf man keine Verkürzungen betreffend der Bedingungen des heranwachsenden Kindes vornehmen. Kinderfürsorge, Freizeitanlagen, Kinderbeitrag, Kinderbibliothek, Jugendkultur sind lebenswichtige kulturelle Investitionen für die Zukunft, die man nicht opfern darf, weil die Politiker ihre eigene Kindheit vergessen haben. Jugendliche können leicht in einem schwarz-weißen Fundamentalismus stecken bleiben, wenn das Erwachsenenleben allzu viele Sackgassen zeigt. Arbeitslose befinden sich in der Risikozone, Selbstverachtung zu entwickeln und diese auf andere zu projizieren.

8. Politiker und öffentliche Personen müssen mit gutem Beispiel vorangehen und Vorbilder sein in schnellem und resolutem Abstandnehmen gegen Tendenzen von Rassismus. Die Bedeutung von guten ideologischen Führern kann man nicht unterschätzen, wenn es gilt, die Bewertungen von Toleranz und Solidarität mit ausgesetzten Gruppen zu stärken. Gleichzeitig sollten politische Führer Verständnis dafür ausdrücken, dass Unzufriedenheit von anderer Art hinter der Intoleranz liegen dürfte und diese Unzufriedenheit beachten; damit vermeidet man das Risiko der Vereinfachung.

9. Politiker sollten auch mit Rücksicht auf den Einwandererhintergrund, sowohl bei Gemeinde- wie bei Landtags- oder Parlamentsniveau rekrutiert werden, damit die multikulturelle Gesellschaft sich öffentlich deutlich spiegelt.

10. Politiker sollen sich regelmäßigen öffentlichen TV-Sendungen „hearings" stellen, um aktuelle Fragen zu diskutieren, die mit den Lebensverhältnissen der Menschen zu tun haben. Die Problemstellung sollte Tendenzen zum Rassismus umfassen und diese Tendenzen sollte man als ebenso riskante

wie andere „zivile Katastrophen“ ansehen, so dass meine vorgeschlagene „Antirassistische Untersuchungsgruppe des Einwandererwerkes“ (siehe Punkt 6 oben) zu Plätzen ausrücken kann, um die Situation zu untersuchen und Maßnahmen zu ergreifen.

Schlusswort

Es ist eine gigantische Aufgabe, die verschiedenen Teile, die ich hier beschrieben habe, zu einem gemeinsamen Ganzen zusammen zu fügen. Deshalb will ich vor allem versuchen, Verbindungsfäden zwischen meinen verschiedenen Themen zu finden. Die Erklärungsmodelle liegen ja teils auf verschiedenem Niveau, teils parallel und da komplettieren sie einander.

Wir tragen von frühem Alter an das Bestreben, unsere eigene Destruktivität zu meistern: den Wunsch zu zerstören, zu rauben und zu töten. Dazu kommt das perverse Gedankensystem, das in den Dienst der Destruktivität tritt.

Mit genügend guten frühen Erfahrungen scheinen wir ein inneres psychisches Leben entwickeln zu können, – mit Ausmaß für Gefühle, Phantasie, Gedanken, auch mit destruktivem oder perversem Inhalt – und Gegensätzen, die man als psychische Konflikte erlebt. Dieses integrierte „Ganzheitserlebnis“ oder die depressive Position ist doch spröde und vielen Risiken ausgesetzt, gestört zu werden.

Lasst uns die Fortsetzung dieser Position als ein Gedankenexperiment sehen. Es gibt eine spielerische Handhabung der Erlebnisse mit der Möglichkeit, wann und wie man handeln will. Nachdem es Integration von Gegensätzen gibt, gibt es Platz für Einleben und Nuancierung. Verschiedenheiten kann man tolerieren, ebenso die Bearbeitung von Befremdungsgefühlen vor dem Unbekannten.

Bindestrich-Identitäten von verschiedenem Hintergrund erlebt man eher bereichernd als bedrohend und die Nation erlebt man als eine Übergangsnation, wo die nationalen Gefühle über einen auf Handlung eingerichteten Nationalismus dominiert.

Die genügend guten frühen Erfahrungen geben ein Gefühl zu einem Zusammenhang zu gehören und schaffen ein gutes Selbstgefühl. Es gilt sowohl Väter wie Mütter, sich mit ihnen zu identifizieren und sich in einem triadischen Zusammenspiel mit ihnen zu erleben. Wir werden misstrauisch gegen allzu einfache Lösungen von schwierigen Problemen und merken, dass Reife Nachdenken, Zeit und psychische Bearbeitung fordert.

Die Welt sieht aber leider nicht wie ein integratives pluralistisches Gedankenexperiment aus. Statt dessen gibt es auch in unserem westlichen Überfluss eine Reihe von Bedrohungen gegen die Integration der depressiven Position. Vom Anfang an kann das Verlassensein einen Mangel zu Grunde legen, intensive Gefühle beherbergen zu können. Bedürfnisse können frustriert oder so streng verboten werden, dass sie verneint werden müssen. Das Trauma kann übermächtig sein, auch in seiner subtilsten Form, so dass wir oft in die paranoide Position zurückfallen und im Extrem kann es geschehen, dass die Persönlichkeit gespalten wird. All das gibt eine Bereitschaft für das perverse Gedankensystem und ein Ausleben von Destruktivität in Handlung, da es nicht beherbergt werden kann.

Wir haben erfahren, wie das zu Handlungen statt zu innerer Bearbeitung führt. Die Spaltung führt dazu, dass gewisse notwendige Phänomene nicht integriert werden können, wie männlich und weiblich, gute und böse Gefühle und das Nationale wird zum auf Handlung gerichteten Nationalismus gemacht. Das Bedürfnis von anderen Menschen muss verneint werden, sowie die Triade Vater-Mutter-Kind und damit alles, das mit den Verschiedenheiten zwischen Geschlechtern und Generationen zu tun hat. Statt dessen steigert sich der Neid und Hass gegen Verschiedenheiten, nachdem diese als Provokation um Unter- und Überlegenheit erlebt werden.

Die Aufteilung geschieht in einer Form von schwarz-weißem Fundamentalismus mit sadomasochistischem Ausleben von dem projizierten Bösen, und paranoider Angst davor, dass es auf den zurückschlagen wird, der es projiziert hat. Das Böse, das draußen ist, muss in einem Abflussblutbad zerstört werden, die Verschiedenheiten müssen ausradiert werden; alles wird möglich in dem großen Reinigungsprozess.

Allzu viele gute Erfahrungen erhöhen den Angstdruck, so dass sich der Hass in dem abgespaltenen Teil der Persönlichkeit ausleben muss. Der pseudonormale Teil ruht in Perioden, während der Druck steigt, ungefähr wie wenn Mr. Hyde die Macht über Dr. Jekyll übernimmt.

Man kann – glaube ich – annehmen, dass, je intensiver der Druck ist dem eine Person ausgesetzt ist und je instabiler die depressive Position ist, desto leichter bleiben die schwarz-weißen Bewertungen haften. In diesen Haftungen gibt es die meisten dynamischen Mechanismen, die wir früher hatten: den frühen Neid, das Verneinen menschlicher Bedürfnisse, den traumatisch bedingten Druck Zurückzuschlagen, die paranoide Aufteilung in Gut und Böse, die Idealisierung der Führergestalten, die Verachtung von Schwäche u.s.w.

Der Druck gegen die depressive Position kommt unter anderem von dem „Massenphänomen" (inklusive Gruppendruck) mit deren Versprechen davon, dass das Ich mit dem Ideal wiedervereint werden soll und die Verschmelzung mit der mythischen Urmutter geschehen soll, wenn nichts mehr konfliktgefüllt und kompliziert, sondern harmonisch und – rein – ist. Damit verstärkt die Gruppe und die Masse den paranoiden Druck gegen die Integration der depressiven Position.

Gegen diesen Druck gibt es Schutznetze verschiedener Art. Die Demokratie kann die Schule und die Kultur mit humanistischen Bewertungen bereichern. Die Kultur existiert als ein starkes Zwischengebiet, wo man Gefühle erleben kann, statt sie in Handlung auszuleben. Die Kultur gibt auch Zusammenhang und nationale Zusammengehörigkeit durch die Betonung der Geschichte. Gleichberechtigung pariert den Neid und der Pluralismus mit Bindestrich-Identität kann dem Land den Charakter der Übergangsnation geben.

Der innere psychologische Schutz gegen ausgelebte Destruktivität kommt vor allem durch die Identifikation mit integrierenden Elterngestalten, entweder der eigenen Eltern oder anderer Erwachsener, die als führende Vorbilder fungieren. Auf diese Weise erkennt man die destruktiven ideologischen Führer schon durch ihre „Wörterliste". All das kann übermächtig wirken, naiv, selbstverständlich, idealistisch. Dann gibt es noch Mengen von unbeantworteten Fragen mit interessanten und wichtigen Ideen:

- Haben Männer mit ihrer Einstellung für Handlung es schwerer sich zu integrieren als Frauen?
- Was bedeutet die Schwierigkeit der Männer, respektive Frauen, ihre Welt mit der des anderen Geschlechts zu integrieren?
- Was kann die Schule, die Familie, „die Gesellschaft" tun um die Bereitschaft für Fremdenhass und Rassismus in der Entwicklung des Individuums zu vermindern?
- Was können die verschiedenen Gesellschaften voneinander über Toleranz für Pluralismus lernen?
- Wie kann man die Eltern auf Dinge aufmerksam machen, gegen die sie ihre Kinder aussetzen: sie verlassen sie, geben ihre eigenen erlebten Trauma weiter, begehen andere psychische Übergriffe. Wie kann man als Eltern lernen, so etwas zu reparieren?

Arietis Faktoren geben noch einen Variante von ethisch-moralischen Zielsetzungen für eine Gesellschaft:

... eine Person soll kein Opfer werden müssen, wenn es seinem Glauben folgt, auch wenn es bereit ist, sich dafür zu opfern. Eine Person soll nicht gehasst werden, weil sie ihren Glauben behält oder weil sie mit dem, was vor langer Zeit ihr Glauben war, verschmolzen ist. Man soll nicht zulassen, dass Macht unkontrolliert wird. Man soll nicht zulassen, dass sich Überschuss an Endokratie entwickelt und die Menschen zu blinden Untertanen reduziert.

Sadismus soll man verhindern oder so bald wie möglich behandeln. Kein Sadist soll je die Möglichkeit erhalten, ein politischer Führer zu werden.

Wie macht man, dass das nicht nur luftige und schöne Zielsetzungen werden sollen, die Menschen nicht berühren?

Wenn wir davon ausgehen, dass wir alle eine Tendenz dazu haben, uns zu spalten nach der schizoparanoiden Position in Gut und Böse, besitzen wir eine Grundvoraussetzung für Vorstellungen und Vorurteilen mit feindseligem Inhalt gegen Fremde. Das gehört zum Alltag, wo wir reflektieren, uns besinnen, versöhnen, mit anderen sprechen, etwas überschlafen, die Integration finden, etwas Neues über uns selbst und die Wirklichkeit außerhalb lernen. Gerade wenn ich das schreibe, hat der Einwandererminister eine „unglückliche Bemerkung" über „die Neigung zu stehlen" der Kosovoalbaner. Diese unüberlegte Bemerkung wird er noch lange in den Massenmedien aufessen müssen. Das gehört zu den undurchdachten, uninformierten und abgespaltenen Vorurteilen. Eine öffentliche Entschuldigung folgte der Bemerkung einige Tage später.

Die Familie, die Schule, und die Gesellschaft, die die Gegenkräfte gegen diese Vorstellungen und Vorurteile ausmachen, müssen auch mit noch größerer Bestimmtheit gegen diese Kräfte eingreifen, die die Persönlichkeiten abspalten, so dass sie perverse Gedankensysteme und Rassismus entwickeln.

Ein Ausgangspunkt kann da sein, dass die integrativen Kräfte nicht von selbst entstehen! Dagegen entstehen die schizoparanoiden viel leichter spontan. Aller Art Strukturen, Kräfte, Vereine, Aktionsgruppen, Komitees, Ausbildungen und Volksbildungen, die für Integration wirken (in dem Sinn, von dem ich sprach) braucht man, um den Risiken für paranoiden Ausfall, die ständig aufkommen, entgegenzuwirken. „Rühr meinen Freund nicht", „Komitee gegen Antisemitismus", „Amnesty" u.s.w. sind alle solche Beispiele von notwendigen Gegenkräften gegen die allgemeine Tendenz bei uns allen, an unsere Vorurteile über andere Menschen zu glauben und versucht zu sein, sie in Handlung auszuleben.

Nachdem die Destruktivität existiert, muss man sie beachten und in ihrem Streben sich in Handlung zu verwirklichen kontrollieren. Die konstruktiven oder liebevollen Kräfte werden nicht allein gegen eine Destruktivität, die allzu löse Zügel hat, balanzieren können. Wir müssen die „Wörterliste" kennen lernen und statt sie zu bagatellisieren oder negligieren, Gegenkräfte einsetzen.

Der Rassismus ist ein Problem beim Rassisten, wofür sein Opfer leiden muss. Der Antisemitismus als Grundbeispiel ist ein Symptom des Antisemiten, wofür die Juden leiden. Die Juden können nicht „Antisemitismus wecken", wenn niemand bereit ist Antisemit zu sein.

Der Rassismus ist ein Maß an politischer und menschlicher Unreife in einer Gesellschaft und bei deren Einwohnern. Das ist eine politische, soziale und psychologische „Krankheit", die schnell zunimmt, wenn wir sie nicht psychologisch, sozial und politisch bekämpfen.

Jeder ist verantwortlich für seinen eigenen Beitrag betreffend der Toleranz gegen andere, in der Familie und in der Gesellschaft!

Tomas Böhm

Referenzen

ACKERMAN, N. & JAHODA, M.: The Dynamic Basis of Anti-Semitic Attitudes, *Psychoanalytic Quarterly*, 1948:17

ALBERONI, F.: Avund (Neid), Göteborg: Korpen, 1991

AMBJÖRNSSSON, R.: Nationen är en historisk konstruktion (Die Nation als historische Konstruktion), Dagens Nyheter, 14.4.92

ARIETI, S.: The Prerequisites of Nazi Barbarism, *Israel Journal of Psychiatry and Related Sciences*, Vol. 18, 1981:4

BANERJI, S.: Racial Prejudice: Anti-semitism, *Saniksa*, 1976:30

BEL HABIB, H.: Det behövs inte någon „invandrarvetenskap" (Man braucht nicht eine „Einwanderungswissenschaft"), *Dagens Nyheter*, 8.4.92

BIRD, B.: A Consideration of the Etiology of Prejudice, *Journal of the American Psycho-Analytical Association*, 1957:5

BRENMAN, E.: On Separation: A Clinical Problem, *International Journal of Psycho-Analaysis*, 1982:63, 3

BUFORD, B.: Bland Huliganerna (Bei den Hooligans), Stockholm: Gedin, 1992

CHASSEGUET-SMIRGEL, J.: *Creativity and Perversion*, London: Free Association Books, 1985

De två träden i trädgården (Die zwei Bäume im Garten), Stockholm: SFPH, 1991

CULLBERG, J.: *Dynamisk Psykiatri*, Stockholm: Natur och Kultur, 1984

Skaparkriser (Schöpferische Krisen), Stockholm: Natur och Kultur, 1992

KIHLBOM, M. et al: *Flykten till oss* (Die Flucht zu uns), Stockholm: Skeab, 1983

FREUD, S.: *Masspsykologi och jaganalys* (Massenpsychologie und Ich-Analyse)

Jaget och Detet (Das Ich und das Es), Stockholm: Natur och Kultur, 1986

Moses and Monotheism, Standard Edition 23

The Splitting of the Ego in the Process of Defence, Standard Edition 23

GERMAN PSYCHOANALYTICAL ASSOCIATION: *Statement on Xenophobia and Violence in Germany*, Wiesbaden 19.11.92

GRINBERG, L. & R.: *Psychoanalytic Perspectives on Migration and Exile*, New Haven, Conn.: Yale University Press, 1989

GRÜNBERGER, B.: *New Essays on Narcissism*, London: Free Association Books, 1989

GUREWITCH, Z.D.: The Other Side of Dialogue; On making the Other Strange and the Experience of Otherness, *American Journal of Sociology*, Vol. 93, 1988:5

Hagerfors, A-M.: „Det är ballt att vara nazist" („Es ist toll Nazi zu sein", *Dagens Nyheter*, 1.10.91

Henricson-Cullberg, M.: Den sista resan till Jugoslavien (Die letzte Reise nach Jugoslawien), *Psykologtidningen*, 1991:21

Igra, L.: *Objektrelationer och psykoterapi*, Stockholm: Natur och Kultur, 1983
På Liv och Död (Auf Leben und Tod), Stockholm: Natur och Kultur, 1988
Ondskans strukturer – myternas budskap (Die Strukture der Bösheit), *Vår Lösen*, 1991:5-6

Jakubowski, J.: Juden som metafor (Der Jude als Metaphor), *Judisk krönika*, 1992:2

Joseph, B.: *Envy in Everyday Life*, in: Psychic Equilibrium and Psychic Change, New Library of Psycho-Analysis, No 9, London: Tavistock/Routledge, 1989

Kafka, F.: *Slottet* (Das Schloss), Stockholm: W & W, 1965

Katz, J.: Misreadings of Anti-semitism, *Commentary*, July 1983

Klein, M.: *Avund och tacksamhet* (Neid und Dankbarkeit), in: Kärlek, skuld och gottgörelse, Stockholm: Natur och Kultur, 1988

Kristeva, J.: *Främlingar för oss själva* (Fremdlinge für uns selbst), Stockholm: Natur och Kultur, 1991

Kurth, G.: The Jew and Adolf Hitler, *Psychoanalytic Quarterly*, vol. XVI, 1947:1

Lindbom-Jacobson, M.: Torteraren (Der Tortierer), *Psykologtidningen*, 1992:9

Lindqvist, S.: *Utrota varenda jävel* (Rottet jeden Teufel aus), Stockholm: Bonniers, 1992

Loewenstein, R.: The Historical and Cultural Roots of Anti-Semitism, *The Yearbook of Psycho-Analysis*, Vol. IV, 1948
Christians and Jews, New York: International Universities Press, 1951

Lyttkens, L.: Tolerans är en svår konst (Toleranz ist eine schwere Kunst), *Svenska Dagbladet*, 29.9.91

Miller, A.: *Du skall inte märka* (Du sollst nicht merken), Stockholm, W & W, 1983

Montesquieu: *Mes Pensées*, Oevres Completès, La Pléiade, vol. 1

Pripp, O.: Jag är inte rasist men... (Ich bin kein Rassist, aber...), *Sting*, 1992:4

Raman, A. C.: Psychological aspects of Racism in the International Perspective, *International Journal of Social Psychiatry*, 1984, 30:1-2

Reich, W.: *Psykoanalys och marxism*, Lund: Röda Bokförlaget, 1973

Rodgers, T.: The Evolution of an Active Anti-Negro Racist, *The Psychoanalytic Study of Society*, New York: International Universities Press, 1960

Ruth, A.: Utstötningen har blivit en ritual (Die Ausstoßung ist ein Ritual geworden), *Dagens Nyheter*, 3.2.92

Shirer, L.: *The Rise and Fall of the Third Reich*, New York: Simon & Schuster, 1960

Tomas Böhm

SIMMEL, E.: *Anti-Semitism: A Social Disease*, New York: International Universities Press, 1946

SKOOG, Å.: Undervisning i förakt (Unterricht in Veracht) Vår Lösen, 1992:1

STERBA, R.: *Some Psychological Factors in Negro Race Hatred and in Anti-Negro Riots*, Psychoanalysis and the social Sciences, New York: International Universities Press, 1947

VESTIN, U.: Faders mord (Vaters mörder), *Divan*, 1993:6

WOLKOFF, R.: Budet om att minnas gör oss till experter (Das Bot an erinnern macht uns zu Experten) *Dagens Nyheter*, 4.4.92

Ludvig Igra

Die dünne Haut zwischen Fürsorge und Grausamkeit

ca. 148 Seiten, Softcover

ISBN 3-937439-85-4

... Schon das einleitende Kapitel der Bibel berichtet, wie Kain von Neid ergriffen wird, und zwar so stark, dass dieser Neid ihn dazu bringt, seinen Bruder Abel zu ermorden. Danach sind Kain und Abel in jeder Generation wiederauferstanden. Die Fähigkeit des Menschen, Gewalt gegen seinen Mitmenschen anzuwenden, ist schwer zu begreifen und doch selbstverständlicher Teil jedes menschlichen Zusammenlebens.

Jeder von uns hat eine persönliche Verantwortung für die künftige Entwicklung, und ich meine, man sollte die Frage stellen und diskutieren: Wie ist es für einen Menschen überhaupt möglich, einen anderen Menschen zu verletzen oder zu töten? Meine Formulierung kann naiv erscheinen, aber ich bin überzeugt, dass die Frage wichtig und fruchtbar ist. Ich glaube nicht, dass der Mensch seine natürlichen, rohen Triebe auslebt, wenn er gegen seine Mitmenschen Übergriffe begeht. Ich meine eher, dass etwas im Menschen übertönt und überwunden werden muss, wenn er Gewalt anwendet und grausam wird. Die Grausamkeit ist nicht in erster Linie ein Instinkt oder ein biologisches Phänomen, sondern eine Erscheinung, die aus der menschlichen Kultur herauswächst... “

Dr. Suzanne Kaplan

Kindheit im Schatten von Völkermord

Softcover, ca. 350 Seiten

ISBN 3-937439-17-X

Wie haben Kinder die Verfolgung während des Holocaust oder auch während des Völkermordes in Ruanda 1994 erlebt und überlebt? Wie verarbeitet die kindliche Seele die in regelmäßigen Abständen in das Bewusstsein zurückkehrenden Schreckensbilder, Erinnerungen, Erlebnisse und Muster, die aus dem Erlebten erwachsen? Welche Prägung erfährt konsekutiv die individuelle Lebensgeschichte im Verlauf?

As the title suggests, this is a disturbing book. The subject matter consists of the devastating effects of extreme trauma on affect and memory not as experienced by an adult mind but as it impacts the developing and vulnerable mind of a child. The book is mainly concerned with the Holocaust but, as if to prevent time from serving as a comforter, the author also refers to research from the recent genocide in Rwanda.

Bernadette BuhlNielsen, Int J Psychoanal